U0088182

把自己的人生
做好、做滿

人生視野：58

把自己的人生做好、做滿

編　　著　江語馨

出 版 者　大拓文化事業有限公司

執行編輯　林秀如

美術編輯　姚恩涵

總 經 銷　永續圖書有限公司

劃撥帳號　18669219

地　　址　22103 新北市汐止區大同路三段一九十四號九樓之一

TEL　（〇二）八六四七—三六六三

FAX　（〇二）八六四七—三六六〇

E-mail　yungjiuh@ms45.hinet.net

網　　址　www.foreverbooks.com.tw

CVS代理　美璟文化有限公司

TEL　（〇二）二七二三—九九六八

FAX　（〇二）二七二三—九六六八

法律顧問　方圓法律事務所　涂成樞律師

出 版 日◇二〇一六年二月

國家圖書館出版品預行編目資料

把自己的人生做好、做滿 / 江語馨編著.

-- 初版. -- 新北市 : 大拓文化, 民105.02

面 ;　公分. -- (人生視野系列 ; 58)

ISBN 978-986-411-031-5(平裝)

1.人生哲學　　2.通俗作品

191.9　　104028074

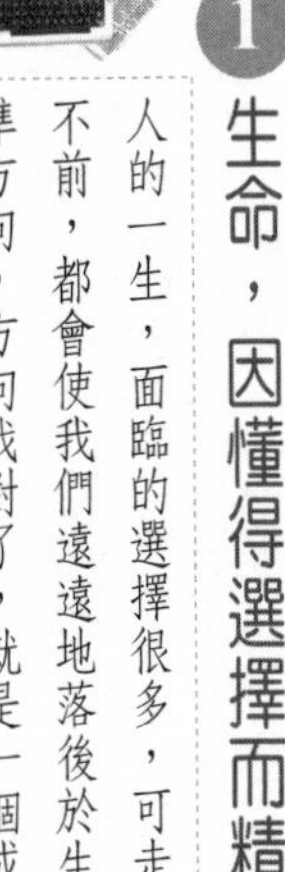

1 生命，因懂得選擇而精采

人的一生，面臨的選擇很多，可走的路也很多，略微遲疑、猶豫不決、踟躕不前，都會使我們遠遠地落後於生命的軌跡，所以我們必須要看清方向，認準方向，方向找對了，就是一個成功的開始，而好的開始就是成功的一半。

目錄

contents

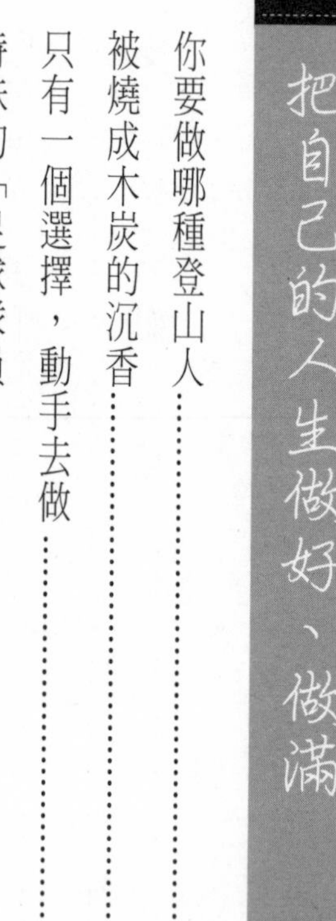

把自己的人生做好、做滿

2 夢想，是世上最神奇力量

在實現夢想的過程中，也許你會受到懷疑、遇到阻力。但你要相信，夢想是這個世界上最寶貴的東西，有了它就有無窮的力量，它會讓你成為最強大的人！

目錄

contents

把自己的人生做好、做滿

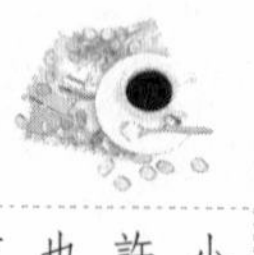

3 學會選擇，才能懂得放棄

小蝌蚪之所以能長成了青蛙，是牠捨棄了一條漂亮的尾巴。人的一生會遭遇許多的選擇，而該選擇放棄的東西也很多。在幾十年的人生旅途中，有風雨也會有彩虹，有所得也必然有所失，只有學會選擇、懂得放棄，我們才能擁有平和、安寧的心境，才能活得更加自在、坦然和輕鬆。

4 每個困難都有存在的正面價值

困難是上帝賜給人類最珍貴、最特別的禮物，想要獲得其中的喜悅和樂趣，就必須要經過祂的重重考驗。上天賦予我們生命，就是要我們用它去創造價值，但祂又給予我們許多附加的痛苦和磨難，是要讓我們在這種砥礪當中，更加珍惜生命的美好，更加努力的去爭取更好的生活。

目錄

contents

把自己的人生做好、做滿

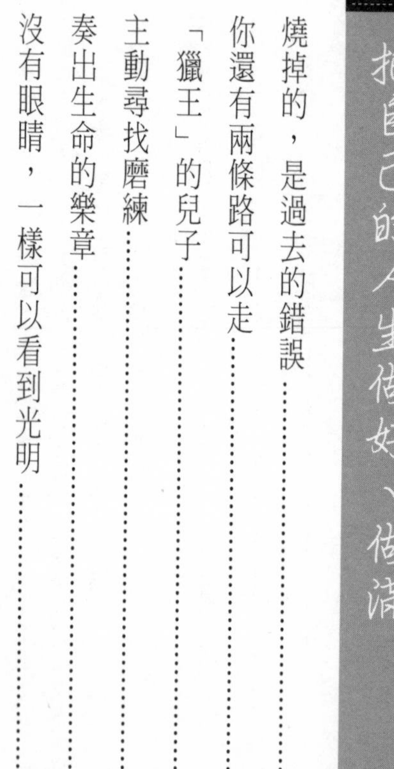

人生需要的其實就是戰勝自己的魄力，就是多往前走一步超越局限。人生最艱難的戰役就是戰勝自己。只有透過實踐訓練，人們才能真正獲得自制力。

目錄

contents

把自己的人生做好、做滿

6 幸福方程式，是勤奮和機會各占一半

假如你很幸運，機會讓你取得五十分，但是你卻懶惰，則勤奮得了〇分，這就算加起來也還是達不到及格標準，那又何來成功？勤奮、執著，是詮釋人生成功的最佳密碼。當你樹立了夢想並準備為之奮鬥時，請一定要記住：「勤奮、堅韌，不要偷懶，更不要放棄。」

7 懂得寬容的人，不輕易揭開過去的傷疤

對別人寬容不是縱容，不是沒有原則，不是因為心慈手軟才網開一面。寬容，就像熬湯，只要火候合適、掌握時機，就可以使尷尬的局面變得輕鬆，使迷途的浪子痛改前非，讓事業多一分從容，也讓生活多一分美好。

目錄

contents

把自己的人生做好、做滿

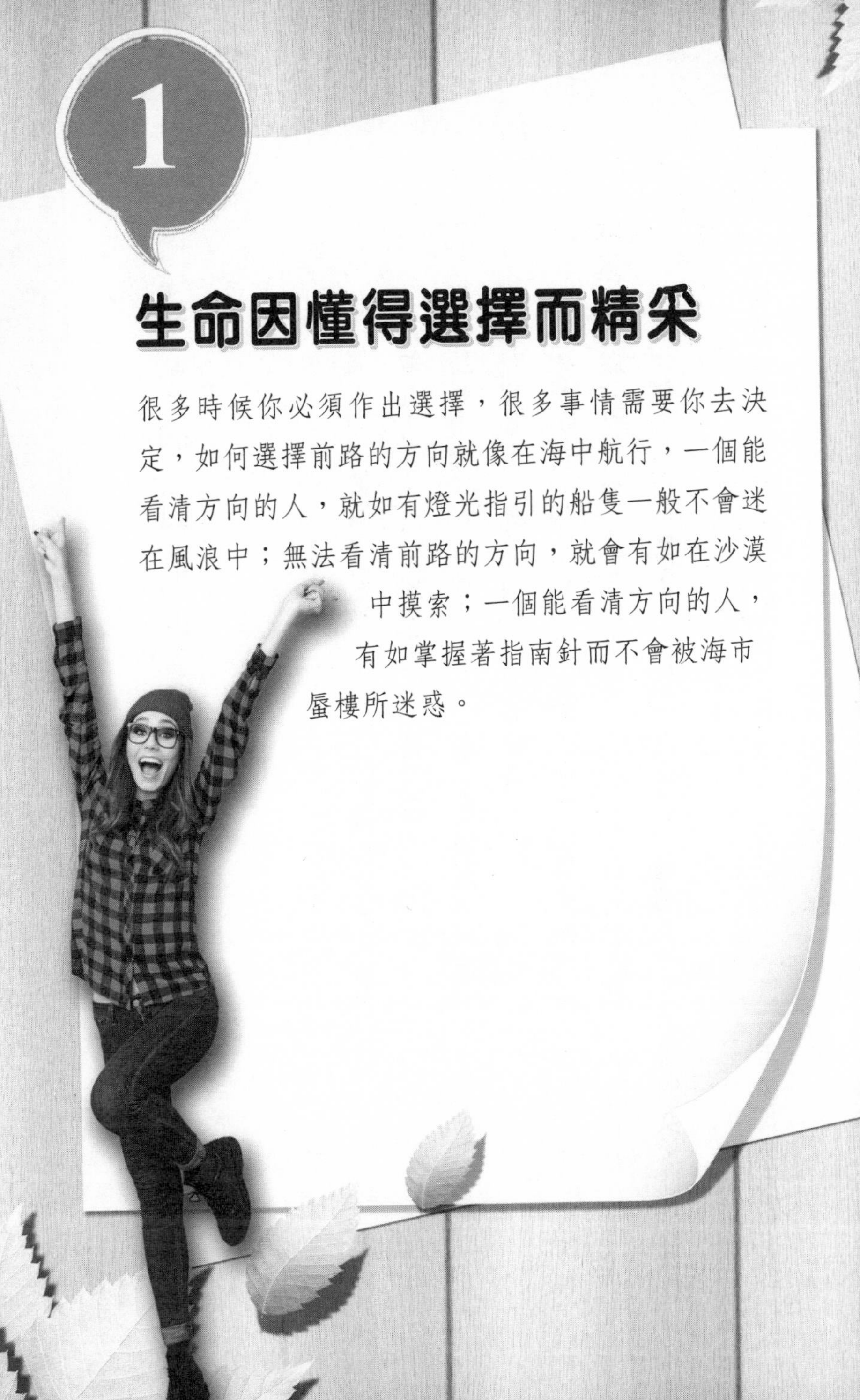

1

生命因懂得選擇而精采

很多時候你必須作出選擇，很多事情需要你去決定，如何選擇前路的方向就像在海中航行，一個能看清方向的人，就如有燈光指引的船隻一般不會迷在風浪中；無法看清前路的方向，就會有如在沙漠中摸索；一個能看清方向的人，有如掌握著指南針而不會被海市蜃樓所迷惑。

三個囚犯出獄後

有三個人即將被關進監獄三年，所以監獄長特別給他們三個一人一個要求。

約翰愛抽雪茄，所以他要求了三箱雪茄。

斯朗特最浪漫，所以要求能有一個美麗的女子相伴。

而辛拉說他要一部能與外界溝通的電話。

三年過後，第一個出獄的是約翰，他嘴巴鼻孔裡塞滿了雪茄，一出來就大喊道：「給我打火機，給我打火機！」原來當初他忘了要打火機了。

接著出來的是斯朗特，只見他手裡抱著一個小孩子，美麗的女子肚子裡還懷著第二胎。

最後出來的是辛拉，他緊緊握住監獄長的手說：「這三年來我每天都能與外界聯絡，我原本的生意不但沒有停頓，業績反而每年增加了兩倍，為了表示我對你的感謝，我要送你一輛勞斯萊斯！」

什麼樣的選擇，決定什麼樣的人生。

今天的生活都是你從前的選擇決定的，而今日你的抉擇將決定以後的人生。

你要選擇接觸最新的訊息，瞭解最新的趨勢才能創造自己的將來，選擇積極進取的人生將讓你變的與眾不同。

比寶石值錢的稻草

富商傑克遜和他的朋友愛瑞克一起來到一座城市。

傑克遜對艾瑞克說：「你知道嗎，這座城市曾經救過我的性命。當年我路過這裡，突然急病發作昏倒在路旁，是這座城市裡善良的人們把我背到醫院，也是這座城市裡最高明的醫生為我治好了病。我不知道誰是我的救命恩人，因為他們都沒有留下自己的姓名。後來我離開了這座城市，但是隨著財富的增加，我越來越思念這座城市，也越來越想報答我的救命恩人。」

「那麼，你準備為這座城市做點什麼呢？」

「我要把我最珍貴的三顆寶石，送給這裡最善良的人們。」於是，他們在這座城市裡住了下來。

第二天，傑克遜就在自己門口擺了一個小攤，上面擺著三顆閃閃發光的寶石。他還在攤位上寫了一張告示：「我願將這三顆珍貴的寶石無償送給善良的人們。」可是，來往的行人只是駐足觀望了一會兒，然後就走開了。

一天過去了，三顆寶石無人問津。

兩天過去了，三顆寶石仍遭冷落。整整過了三天，那三顆寶石還是沒人要，傑克遜大感疑惑。

艾瑞克笑了笑說：「讓我來做一個試驗吧。」

艾瑞克找來一根稻草，將它裝在一個精美的玻璃盒裡。盒中鋪上紅絲絨布，標籤上寫著：「稻草一根，售價一萬美元。」

此舉一出立刻轟動全市，人們爭先恐後前來詢問這根稻草有何非凡來歷。艾瑞克跟眾人說：這根稻草乃某國國王所贈，是王室的傳家之物，它能保佑主人一輩子榮華富貴。結果，最後這根稻草被人以八千美元買走。而那三顆寶石，依然在那裡寂寞的等待有人能將它們帶回家。

事後，艾瑞克對傑克遜說：「人們總是對難以到手的東西垂涎三尺，哪怕它只是一根稻草。」

三顆熠熠發光的寶石，在人們眼中卻把它們當成假貨，當成了是騙小孩子的東西而忽視。

人們對於越是輕易可以得到的東西，就越不知道珍貴，甚至把寶物看成廢物。要做出選擇很難，要做出判斷也很難，但是培養自己的慧眼，才能找到人生中真正的寶石。

生產手推車的企業

有一家企業，主要經營的業務是賣手推車。這間工廠並不大，可是因為銷售業績不好而面臨了關門的危機。

有一天，公司的總經理在看報紙時，偶然看到了一份最近的人口普查報告，上面寫著在該國每年有二百五十萬名嬰兒出生。

總經理靈機一動「如果有這麼多嬰兒出生，那麼嬰兒手推車一定有著巨大的潛在市場，再加上廣闊的國際市場，這無疑是個巨大的商機！」

當時的市場是什麼樣子呢？

那時許多大企業都不屑於生產嬰兒手推車這種小東西，誰都覺得這麼不起眼的產品怎能賺大錢呢？所以市場上的競爭壓力不是很大。

總經理立刻決定將公司轉為生產嬰兒手推車，並且嚴格控管品質、創建品牌。幾年之後，該公司生產的嬰兒手推車暢銷全國、世界各地。

如今該公司的嬰兒手推車銷售量已占世界的三分之一，那位總經理也因此成為享譽世界的「嬰兒手推車大王」。

從製造手推車面臨倒閉，到生產嬰兒手推車聞名世界，這個小公司正是因為抓到了有用的商機並做出了正確的選擇，才成為了市場的領導者。

能發現成功商機的，總是屬於那些有心人，屬於那些肯動腦的人，屬於那些會做出正確選擇的人。

水泥路上的腳印

愛因斯坦在瑞士蘇黎世聯邦工業大學就讀時，他的導師是數學家明可夫斯基。由於愛因斯坦肯動腦、愛思考，所以深得明可夫斯基的賞識。師徒二人經常在一起探討科學、哲學和人生。

有一次，愛因斯坦突發奇想的問導師：「一個人，比如我吧，究竟怎樣才能在科學領域、在人生道路上，留下自己的閃光足跡，做出自己的傑出貢獻呢？」

一向才思敏捷的明可夫斯基被問倒了，直到三天後他才興沖沖的找到愛因斯坦，非常興奮的說：「你那天提出的問題，我有答案了！」

「什麼答案？」愛因斯坦迫不及待的抓住老師的手臂「快告訴我呀！」

明可夫斯基手腳並用的比畫了一番，卻怎麼也說不清楚。

於是，他拉起愛因斯坦朝一處建築工地走去，而且直接踏上了建築工人剛剛才鋪平的水泥地上。

在建築工人們的訓斥聲中，愛因斯坦被弄得一頭霧水，非常不解的問：「老師，您這不是領我誤入歧途嗎？」

「對、對，就是歧途！」明可夫斯基顧不得工人的指責，非常專注的說：「看到了吧！只有這樣的『歧途』才能留下足跡！」然後他又解釋說：「只有新的領域及尚未凝固的地方，才能留下深深的腳印。那些已經凝固很久的地面，那些被無數人、無數腳步涉足的地方，別想再踩出腳印來……」聽到這裡，愛因斯坦沉思良久，非常感激的對導師說：「老師，我明白您的意思了！」從此，一種更強烈的創新和開拓意識，開始主導著愛因斯坦的思維和行動。

他曾經說過：「我從來不記憶和思考詞典、手冊裡的東西，我的腦袋只用來記憶和思考那些還沒載入書本的東西。」

於是，在愛因斯坦走出校園，初涉世事的幾年裡，他利用業餘時間進行科學研究。終於在未知領域裡做出了卓越的貢獻，也在科學史上留下了深深的、閃光的足跡，成為了最偉大的科學家。

其實，在人類社會和現實生活的各個領域，都有各式各樣「尚未凝固的水泥路面」，等待著人們踩出新的腳印、踏上新的征程。關鍵是你的選擇，是走上人們都走的水泥路，還是敢於踏上另一條還沒凝固的路呢？

選擇不一樣的路途，人生也將不同。

找到最飽滿的穀穗

有一天黃昏，大哲學家亞里士多德領著他的三個弟子來到一片麥田前。

「現在，你們到田裡去摘取一顆自己認為最飽滿的穀穗。每個人只有一次機會，摘了就不能再換。」

三個弟子欣然前行，第一個弟子沒走多遠就看到一顆大穀穗，他馬上如獲至寶的摘下。

可是越往前走，越是發現前面的穀穗，很多都遠比自己手中這顆飽滿，因此他懊惱而歸。

第二個弟子記取前者的教訓，每看到一個大穀穗時，他總是收回了自己伸出去的手想著：更大的穀穗一定在前頭。

但是田地快走完時，兩手仍空空的弟子心想不妙，只好隨便採一顆，他很失望自己錯過了最飽滿的穀穗而歸。

第三個弟子很聰明。他用前三分之一的路程去識別怎樣的穀穗才是飽滿的，第二個三分之一的路程去比較判斷，在最後的三分之一的路程裡他採摘了一顆最飽滿的穀穗。所以他滿意而歸。

人生中的機會也是如此，如果你不懂得選擇，總是猶豫不決，就會錯過良機；如果你不假思索、貿然下結論，也容易錯失最佳的機會。在面臨各式各樣的選擇和機遇時一定要三思而行。有決斷，才能做出最有利於自己的決定。

你還可以重新塑造自己

有兩個人因為偷牛而被官府抓獲，官府要將他們刺字、發配邊疆充軍。家人不想就此見不到自己的親人，於是籌了銀子來贖他們，後來這兩個人都被贖了回來，可是烙在前額上的「賊」字，卻再也無法除掉。

這兩個偷牛人因為一時貪心，犯下了偷盜之罪，所以不得不帶著那個代表著恥辱標記的字，繼續在人們面前生活和工作。這對於任何一個有羞恥之心的人來說，都是一種難堪也是一種考驗。

其中一人，每天從鏡子中看到自己前額上的烙印，覺得這實在是一種奇恥大辱，他不能想像自己從此都要帶著這種恥辱，去面對眾人異樣的眼光，所以他每天都不敢出門。最後，就連家裡的人看他的眼神，也開始讓他忍受不了，於是他就躲到異邦，希望到一個沒有人認識自己的地方，去開始新的生活。

來到異邦以後，每次碰到陌生人，對方仍舊會奇怪的問他，額頭上的字究竟是什麼意思，這讓他的心情始終不能平靜，每天都感覺生活痛苦不堪，最後抑鬱而終。死後有好心人按照他的遺願將他埋在了一處荒山野嶺之中，那個地方只有他的一座孤墳，也許從此以後他才算免去了心頭的羞辱，因為那個地方幾乎沒有人去。另外一個偷牛人，同樣深知自己以後的處境，他同樣對自己過去犯下的罪行感到羞愧。可是他並沒有像前面的那個人一樣遠走他鄉，而是選擇在人們異樣的目光下和一些人冷嘲熱諷中留了下來，他心想：「雖然我無法逃避偷過牛的事實，但我仍舊要留在這裡，贏回我曾經親手葬送的聲譽，贏回眾人對我的尊敬。」

他靠自己的雙手辛勤耕種，用自己辛勤耕種的果實來孝順父母、養育家人，而且每當鄰居有困難的時候，他都會義不容辭的主動幫助。

年復一年過去，他又重新建立起正直的名譽。當鄰居們遭遇困難時，首先想到的就是他這個大好人，在鄰居的介紹下他娶了一位溫柔美麗的妻子，並且生下了一個聰明可愛的孩子。

時間一晃而過，他的孩子已經長大成人，雖然他也成了一位白髮蒼蒼的老人，但是他卻是當地最有聲望的人。

面對已犯下的錯誤，逃避只是膽小者的選擇，也是最不明智的選擇，因為逃避不能改變任何事情，只會使自己從此沉沒。面對現實，只要勇氣還在錯誤就可以得到改正，失去的一切就有可能重來。選擇重新再來，你就能重新塑造自己，重新塑造一切。

抓住機會

詹森有一個願望，總有一天他要創辦一種雜誌。大學畢業後，他抓住一個微不足道的機會，走上了這條道路。有一天，詹森看見一個人打開一包紙菸，從中抽出一張小字條，隨即把它扔到地上。

他走過去撿起這張字條，看到那上面印著一個著名演員的照片，於是把這個紙片翻過來，注意到它的背面竟然完全是空白。詹森覺得這是個機會：如果把附在菸盒裡印有照片的紙片充分利用，在它空白的那一面印上照片人物的小傳，這樣照片的價值就可大大提高。於是，詹森走到印刷這種紙菸附件的公司，向公司經理說明自己的想法。

這位經理立即說道：「如果你能幫我寫一百位名人簡介，每篇一百字，我會每篇付給你十元酬勞。」這是公司經理給這位未來主編最早的寫作任務。後來名人簡介的需要量與日俱增，以致詹森得請人幫忙。詹森要求弟弟幫忙，不久又請了五人幫忙寫作以供應一些印刷廠。就這樣，詹森開始了自己的主編之路！

生活就是這樣，它不斷的將禮物送到你手上，有的人抓住了，有的人卻視而不見。人生的機會也是如此，如果你不懂得選擇，總是猶豫不決自然會錯過良機；如果你不假思索貿然下結論，也容易錯失最佳的機會。

所以，面臨各式各樣的選擇和機遇時，一定要三思而行。有決斷才能做出最有利於自己的決定，抓住機遇勇敢抉擇，成功就能屬於你。

雙鳥在林，不如一鳥在手

一個對電影癡迷的人，不顧親朋好友的反對，毅然選擇了一處並不熱鬧的地區，花費一大筆資金興建了一所很時尚的電影院。出乎意料的是，電影院開業不久後，附近的餐館一家接著一家相繼開張了，百貨商店和咖啡廳也紛紛如雨後春筍般的開張。不到幾年，那個地區已經發展得非常繁榮，人潮一多電影院的生意也就越來越好了。

「看看我們的鄰居，一小塊地蓋棟樓就能賺那麼多錢，而你用這麼大的地，卻只有電影院這麼一些的微薄收入，豈不是太吃虧了嗎？」那人的妻子對丈夫抱怨不斷，「我們何不將電影院改建為商業大廈，兼做餐飲百貨分租出去，單單租金就比電影院的收入多了好幾倍！」那人想想妻子說的也不無道理，於是就草草的將電影院轉讓給了別人，貸得巨款改建商業大樓。然而，樓還沒有竣工，鄰近的餐飲百貨就開始紛紛遷走。房價下跌，往日的繁華也不見了。更可怕的是，當他與鄰居相遇時，人們不但不像以前那樣對他熱情招呼，反而露出敵視的眼光。

有選擇，固然就有放棄，但是決斷之前請想清楚，未來是否明朗？把握究竟有幾分？在做出決定之前請牢記，永遠不要把你身邊所擁有最珍貴的東西輕易放棄。單純的丟掉已經擁有的而去追求未知的東西，並不叫選擇。選擇，更需要的是把握。

你要做哪種登山人

有一座山，高聳入雲、飛鳥難越，沒有人知道它有多高及多麼十分凶險。有一天，師徒三人來到山腳。師傅舉手遮陽，眺望峰頂，聲如洪鐘說：「你們兩個比賽爬上這山；上山有兩條路，大路平而近，小路險而遠——選擇哪條路，你們自己決定。」哥倆想了一會，便各自憑著自己的選擇踏上征程。

兩個月過去了，一個西裝革履的身影出現在峰頂，大徒弟走來了。他面色潮紅、略顯發福、頭髮油光可鑑。他驕傲的揮了一下筆挺的襟袖，走向充滿期待的師傅說：「我贏了，我贏了！這一路真是春風得意。在坦蕩的大路上我只需向前，向前！舒緩的坡度讓我走得從容，平整的石階使我心曠神怡。那裡沒有岔道讓我傷神，沒有突出的山石絆我的腳。我的心靈沒有欺騙我，是英明的選擇助我勝利。實踐證明：在平坦和崎嶇間，只有傻瓜才會放棄平坦選擇崎嶇。聰明的選擇使我有了這麼得意的旅程。我獲得了勝利，我是理所當然的獲得勝利！」

師傅慈祥地看著他：「你的選擇的確聰明，一路走得也十分風光，我的好徒弟……」不久之後又一個身影出現了，他步伐穩健全身充滿著生命的活力；儘管瘦削、衣衫襤褸，但雙目炯炯有神，透著聰慧與睿智。

小徒弟微笑著走向師傅和大徒弟，從容的講起路上的故事：「哦，這是多麼有意義的一次旅程！感謝您，師傅，感謝您給我選擇的機會。一路上陡峭的山崖阻擋著我攀爬的腳步，四處叢生的荊棘刺破了我裸露的臂膊，疲憊的身心增添著孤獨的酸楚，但我堅持住了。我學會了靈活與選擇，學會了機敏與自護，學會了獨立與堅忍。路邊美麗景色，使我放慢腳步享受自然的饋贈。在山腳下，我看見山花爛漫、彩蝶翩翩，於是我與山花同歌伴彩蝶共舞。在山腰，我看見綠草如茵、華木如蓋，清澈的小溪靜靜流淌在林間，朝聖的百鳥盡情放歌於林梢。我擁抱自然的和弦，追逐歡快的節奏，這些是我最快樂的時光。可是更多的時候是陰冷濃霧的環抱，荊榛叢棘的阻隔。我在黃葉林中看到豐碩的果實，從枯草叢內悟出新生的希望，我感覺自己成熟了。再往上，是沒有一點生機的寒風和石礫，我曾想放棄，但曾經的艱辛溫暖著我、啟迪著我，給我力量、給我信心，使我忘掉比艱險更艱險的死寂，拋掉比痛苦更痛苦的迷茫！我最終到達了這裡！一路上，我閱盡山間春色，也飽嘗征途冷暖。為此，我感謝您，師傅，感謝您給我選擇的權利，我從自己心靈的選擇中懂得了很多很多……」

大徒弟眼中露出不解但旋即消失，他輕蔑的說：「可是你輸了！」

「是的」師傅遺憾的說：「孩子，你輸掉了比賽……」

「對啊！我是輸了這場比賽。」小徒弟看著遠方，臉上露出平和的微笑：「但，我贏得了人生！」

人生就是這樣，正是因為崎嶇才更多了幾分韻味，才更顯得其豐富。平坦縱然快捷，卻無法與崎嶇的豐富相比。聰明的人也許不會選擇崎嶇之路，但也正是這份聰明，讓他們失掉了人生的美麗。人生的崎嶇，往往在於崎嶇之中包含智慧和成熟，選擇崎嶇就選擇了成熟。

被燒成木炭的沉香

有一位年老的富翁，雖然擁有龐大的財產，卻非常擔心自己兒子的將來。因為他怕將家產留給兒子，若是兒子不懂管理、不知珍惜，反而是害了他。於是他想：與其留財產給孩子，還不如教他自己去奮鬥。

他把兒子叫來，對兒子說了他自己的親身經歷，講起他如何白手起家，經過艱苦的考驗才成為富翁，擁有今天的身分和地位。富翁的故事感動了這位從未走出家門的小少爺，激起了他奮鬥的勇氣，他為自己多年以來靠家庭的供養，自己卻未曾體會過創業的艱辛而感到羞愧。

於是他發誓：他要靠自己的努力來打拼一番，不闖出一番名堂來絕不返鄉。

在堅定意志的激勵下，小少爺打造了一艘堅固的大船並在親友的歡送中出海，他駕船渡過了險惡的風浪，經過無數的島嶼，最後停泊在熱帶雨林。在那裡，小少爺發現了一種樹木，這樹木高達十多米。在這種大雨林中只有一、兩株，砍下這種樹木經過一年時間讓外皮朽爛，留下木心沉黑的部分，會散發一種無與倫比的香氣，放在水中不像別的樹木浮在水面上，而是會沉到水底去。

小少爺心想：這真是無與倫比的寶物呀！小少爺把香味無可比擬的樹木運到市場上出售，可是奇怪的是，竟然沒有人來買他千辛萬苦從遙遠的熱帶雨林帶回來的樹木，這使他非常煩惱。偏偏在小少爺隔壁的攤位上有人在賣木炭，那小販的木炭很便宜，看的人多買的人也很多，總是很快就賣光了。

剛開始的時候小少爺還不為所動，因為他堅信自己手中的香木是不能跟普通的木炭一起比較的。但是日子一天天過去，小少爺的信心卻開始動搖了，他想：「既然木炭這麼好賣，香木卻無人問津，這樣等下去，什麼時候才能等到真正賞識這塊香木的人呢?既然世事如此，為什麼我不把香木變成木炭來賣？」

當天他就把香木燒成木炭，第二天挑到市場，果然跟隔壁的小販一樣，很快就賣光了，小少爺非常高興自己能改變心意，他帶著滿身的疲憊和興奮的心情，回到家鄉，迫不及待將自己的經歷告訴了等候已久的父親。

老父聽了小少爺的講述，卻忍不住落下淚來說：「孩子，你知道是為什麼嗎？」原來，小少爺燒成木炭的香木，正是世上最珍貴的樹木——「沉香」，只要切下一塊磨成粉屑，其價值就遠遠超過了一車的木炭。

許多時候，你手中擁有寶藏自己卻毫不知曉。就像那個把沉香燒成木炭去賣的小伙子一樣，你選擇了最不值錢的東西，卻放棄了自己手中的寶藏。選擇，要擦亮眼睛、辨明彼此，這樣才最值得。

只有一個選擇，動手去做

「不要拖延，把帽子扔過柵欄。」這是父親在吉姆小時候常常教導他的話，意思是：當你面對一道難以翻越的柵欄並準備退縮時，先把帽子扔到柵欄的另一邊，這樣你就不得不強迫自己想盡一切辦法越過這道柵欄，而且不管你多麼忙，你都會立即安排時間來做這件事。

吉姆的父親出生在美國距離堪薩斯州一百英里的小鎮。在二十歲時，他離開了家庭和親友，來到堪薩斯州討生活。當時他除了擁有一條小船外，其餘一無所有。工作很難找，而他還要填飽肚子。在跑了幾天仍然一無所獲的情況下，他想到了放棄，他想乘自己的小船再回到一百英里之外的家鄉去。但是那樣的話，自己就必須回到早已厭倦的貧困生活之中，不但不能夠幫助家人，而且還要讓家人為自己操心，於是他決定留下來。

為了能夠維持生存，也為了斷絕自己想回家的念頭，他賣掉了自己的小船，用那一點點錢維持著自己艱難的生活。這下子，他沒有了退路，只能前進了。不久，他終於找到了一份工作，儘管收入很微薄，但是他終於能夠在堪薩斯州站住腳了。後來在一次偶然的機會，他躋身中產階級行列。他告訴吉姆：「如果你沒有為一件事情安排時間，就把自己逼到絕境。當不得不做的時候，你只有一個選擇，那就是馬上動手去做。」

有時，生活中總有一些早就應該去做，卻一直拖著不去做的事情，你總是有藉口。其實，這些想做的事，如果你能馬上動手去做，你的生活就會變得豁然開朗。及時做出正確的選擇，才是最聰明的人。而此時，請只給自己一個選擇，那就是：立刻去做，不要拖延。

特殊的「足球隊員」

在英國利物浦附近一個小鎮上，住著一個十三歲的少年史瑞克，他的意志使他短暫的生命顯得有幾分悲壯。史瑞克很有運動天賦，足球、籃球樣樣精通，而且在中學時他就成為學校足球隊的主力隊員。不幸的是，沒多久史瑞克就大病了一場。他的腿瘸了，並迅速惡化成為癌症，之後他不得不接受了截肢手術。所有的朋友都為史瑞克感到難過。但他並沒有因為再也不能踢球而變得鬱鬱寡歡。當史瑞克拄著枴杖回到學校時，他高興的告訴他的朋友們，他會裝上一條木頭做的腿，到時候他可以把襪子用圖釘固定在腿上。朋友們為他的開朗和樂觀感動，大家圍繞在他的身旁說說笑笑，生活並沒有因為他失去了一條腿而變得不同。時間又進入了足球賽季。史瑞克找到了教練，儘管他不能夠踢球了，但他希望能夠不離開校隊。他申請擔任校隊的管理員，幫隊友們準備飲料、收衣服，為教練準備訓練用的沙盤模型，史瑞克的請求獲得了教練的批准。接下來的日子裡，他每天準時到達球場，將一切準備活動打理得井井有條，所有的隊員都被他的毅力感動了。可是有一天，當隊員們到達訓練場的時候，他沒有來。隊員們都十分著急，不知道他發生了什麼事。後來聽說，那一天他的癌細胞再次擴散，而他只有不到兩個月的生命了。史瑞克的父母決定對他隱瞞這件事。而這個堅強的男孩，也像父母希望的那樣，仍然樂觀的生活著。他仍然回到了球場上，用笑容激勵每一位隊友。在他的鼓勵下，隊友們發揮良好，保持著全勝的紀錄。他們舉行了慶功餐會，準備了一個由全體隊員簽名的足球想要送給他。可是，他卻再次入院。幾週後史瑞克出院了，臉色蒼白憔悴可是笑容依舊。他來到了教練的辦公室，看到了所有的隊友。

教練輕聲責怪他不該缺席餐會。他笑笑說：「對不起，教練，我正在節食。」

他接過了隊友送給他那個代表著勝利的足球，和大家分享著勝利的喜悅。在和隊友們道別時他堅定的說：「別擔心我，我永遠和你們在一起。」

一週後，史瑞克去世了。其實他早就知道自己的病情，但是他並沒有被病魔打敗。他坦然的面對疾病，在最壞的處境中，保持著自己令人振奮的精神。

生命總是短暫的，但是任何時候，你都需要保持自己內心的堅定和勇氣。人生角色的每次轉換，痛苦的剝離中自有一份期盼，對於不可逆轉的命運，誰都無可奈何，而怎樣選擇自己的生活態度，卻是你真正可以把握的。

人生是一場不斷抉擇的遊戲，有風雨有艷陽。重要的是，抉擇前重重思考，決定後輕輕放下。選擇微笑、選擇樂觀、選擇積極，你的人生無論怎樣都將是完美。

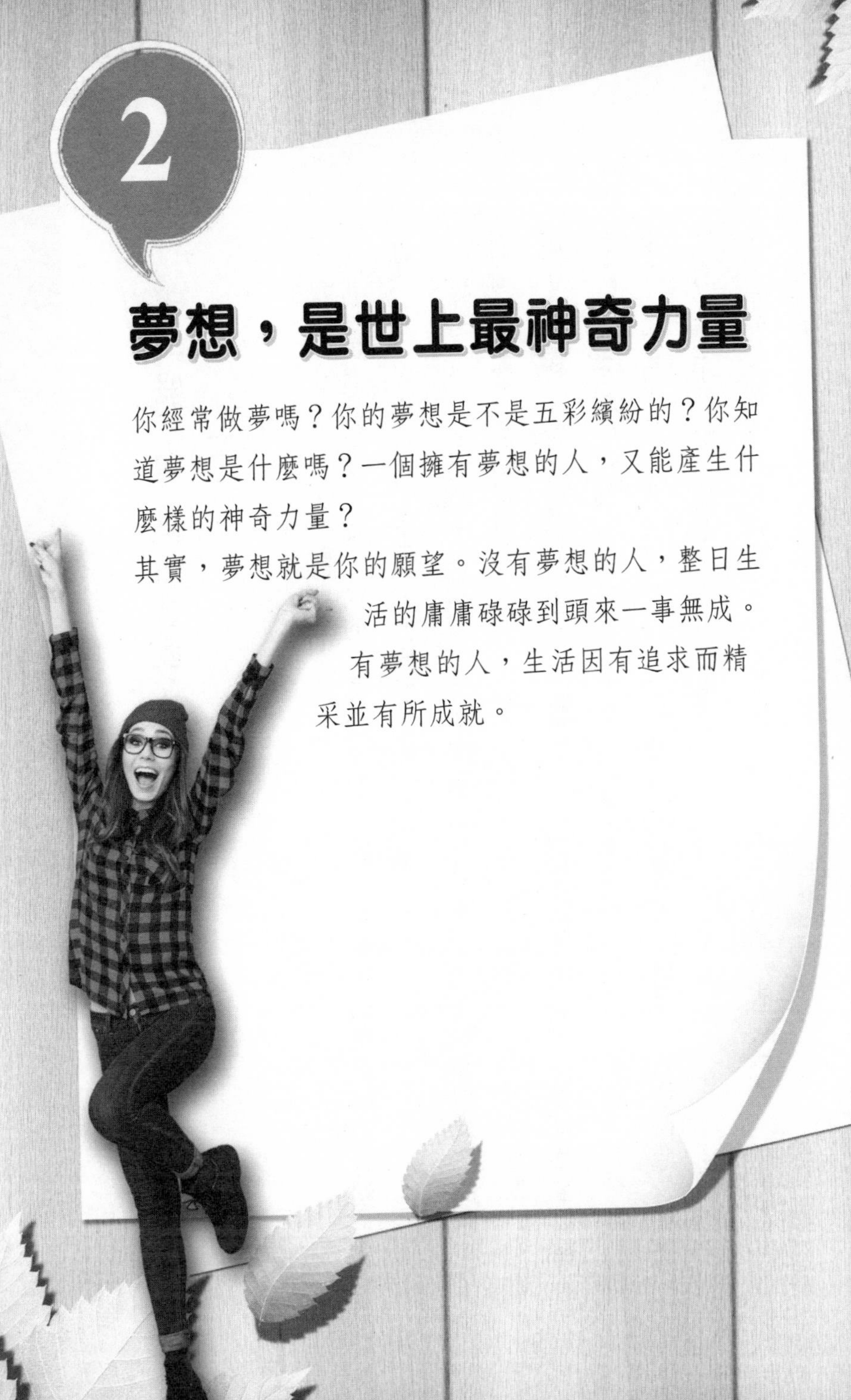

2

夢想，是世上最神奇力量

你經常做夢嗎？你的夢想是不是五彩繽紛的？你知道夢想是什麼嗎？一個擁有夢想的人，又能產生什麼樣的神奇力量？

其實，夢想就是你的願望。沒有夢想的人，整日生活的庸庸碌碌到頭來一事無成。

有夢想的人，生活因有追求而精采並有所成就。

窮小孩的童話

從前有一個窮小孩，他的父親是一個鞋匠。在他年紀還很小的時候，父親就去世了，母親為了生活，不得不帶著他改嫁。

有一天，一個偶然的機會下，小男孩去晉見了王子。他滿懷熱情的在王子面前唱詩歌、朗誦故事，盡力表演一番。表演完畢後，王子問他想要什麼賞賜，這個窮小孩天真的睜大了眼睛說：「我想寫故事，而且想在皇家劇院演戲。」王子對著這個長著小丑般大鼻子的普通男孩，從頭到腳看了看然後對他說：「能夠背誦故事，並不表示能夠寫故事，那是兩碼事。我勸你還是去學一門有用的手藝吧，別做天真的幻想了。」

但是，窮小孩並沒有灰心，那個時候他才十四歲。他回到家，打破了自己的存錢筒向母親和從不關心自己的繼父道別，離家去追尋自己的理想。他相信只要自己願意努力，他的名字一定會流傳千古。

他到了哥本哈根挨家挨戶的按門鈴，幾乎按遍了所有名人的門鈴，卻沒有人賞識他。他衣衫襤褸的落魄街頭，卻仍不減心中的熱情。他知道，自己想寫故事、寫童話，想成為一個童話大師！

年復一年，上天不負苦心人，他的童話故事終於吸引了孩子們的目光，也開啟了屬於他的新頁。他的童話故事被譯成多種文字，除了《聖經》之外，沒有任何一本書比得上。他就是世界著名童話大師——安徒生。

安徒生的童話你讀了很多。可是，你知道他也有過那麼不如意的孩提時代嗎？即便沒有人支持他的想法，他還是勇敢去追尋心中的夢，堅持不懈的去實現自己的夢想。

就像他童話中的那隻醜小鴨一樣，人們都不是生來就偉大、成功的，而是透過後天的磨練。緊緊握住心中的夢想，最終才能從一隻醜小鴨，變成了美麗的白天鵝！

踢椰子殼的球星

在巴西一個貧民區裡，住著很貧窮的一家人。這家裡有一個很喜歡足球的男孩，可是他家太窮了，這個男孩只能把從垃圾箱裡撿來的椰子殼、汽水罐等東西踢來踢去，假裝就像在踢真正的足球一樣。

有一天，男孩來到一片荒草地玩耍，他的腳下依舊踢著撿來的垃圾。這時，恰巧有個足球教練經過，他發現男孩的腳力很強。於是好奇的問他為什麼要在這裡踢垃圾。

男孩瞪大了眼說：「我是在踢足球！」教練聽了笑著說：「可是它們不是足球啊，我送你一顆真正的足球吧。」男孩以為自己是在做夢，卻沒想到真能開心的拿到了足球。於是他每天更加努力的練習，他甚至能夠精準的把球踢進很遠以外的水桶中。

三年後，在第十七屆世界盃足球賽上，這位十七歲的男孩一人獨進二十一球，為巴西捧回第一座足球金盃。他就是今日世人所熟知的足球巨星——球王比利。

英雄起於毫末。很多著名的人物在逆境中懷著夢想不斷努力，最終也做出了偉大的成績。困難並不可怕，可怕的是沒有夢想。無論何時，你都要緊緊抓住自己的夢想別鬆開！只因為一個夢，就可以讓你忘記周圍的一切；只因為一個夢，就可以讓你到達明日的輝煌。

為整個「公路」工作

夏日炎炎的日子裡，一群築路工人正頂著似火驕陽工作著，他們正在修理破損的公路地面。這時，一輛新款氣派的跑車停在他們身邊。車窗開了，一個熱情的聲音響起：「嘿！戴維，是你嗎？」這群工人中的一個人愉快的回答說：「是我，斯潘，在這裡見到你真高興！」斯潘走下車子和戴維笑呵呵的交談起來。他們暢談許久，才互相友好的握手道別。

看著跑車絕塵而去，工人們都難以置信的圍過來，好奇的問戴維怎麼會認識公司的總裁斯潘。戴維聳聳肩膀說，二十年前他和斯潘也曾在同一條公路上工作過。

於是，有人半開玩笑的說：「戴維，為什麼二十年後你仍在烈日下做工，而斯潘卻成了公司老總？」

戴維若有所思的望著遠方說：「二十年前，我在為一小時二美元的報酬工作。而那時，斯潘已經開始為整個公路工作了。」聽到這些話，所有的人都沉默了。

你知道普普通通的工作和為夢想而工作有什麼區別嗎？普通的工作，就是追求餬口，這樣你在工作時就不會有興奮的感覺，工作時也不會熱情洋溢，為了夢想而工作卻不同。有目標的人充滿幹勁、志存高遠，在他們的眼裡，工作不是僅僅為了報酬，而是為了整條「公路」而工作。

有了夢想，你的生活就不會侷限，因為夢想會帶你走上新的征程。

畢生的夢

在英國一個小鄉村，有一個農家少年，每當有了閒暇時間，他總是拿出祖父在他八歲那年送給他的生日禮物——一幅已被翻得捲了邊的世界地圖。他的目光一遍遍的掃過地圖，那上面有一個個文明的城市、一處處美麗的山水風景，小男孩的思緒亦隨之跟著縱橫馳騁，渴望就像插上了翅膀，在上面一次次自由的翱翔……

十五歲那年，這位少年寫下了氣勢不凡的「畢生的夢」：

要到尼羅河、亞馬遜河和剛果河探險；

駕馭大象、駱駝、鴕鳥和野馬；

讀完莎士比亞、柏拉圖和亞里士多德的著作；

譜一部樂曲、寫一本書；

擁有一項發明專利；

幫非洲的孩子籌集一百萬美元捐款；

……

他洋洋灑灑的列舉了一百二十七項人生的宏偉志願。不要說實現它們，就是看一看就足夠讓人望而生畏了。難怪，許多人看過他設定的這些遠大目標後都一笑置之，所有人都認為——那只不過是一個孩子天真的夢想而已，隨著時光的流逝，這些志願很快就會煙消雲散的。

然而，少年的心卻被他那龐大的「畢生的夢」鼓蕩得風帆勁起。他的腦海裡一次次的浮現出自己暢快的漂流在尼羅河上的情景，夢中一次次閃現出他登上吉力馬扎羅山頂的豪邁……沒錯，他的全部心思都已被那「畢生的夢」緊緊的牽引著，並讓他從此開始了將夢想轉為現實的漫漫征途。

毫無疑問的，那是一場壯麗的人生跋涉，也是一場異常艱難到簡直無法想像的生命之旅。他一路豪情壯志一路風霜雪雨，把一個個近乎空想的夙願，變成了一個個活生生的現實，他也因此一次次的品嚐到了成功的喜悅。四十四年後，他終於實現了「畢生的夢」中的一〇六個願望。

他就是著名的探險家吉姆．范德坎普。

夢想是最天真的，也可能是最宏大的。只要你敢夢想自己的未來，即使在別人眼中看似說大話、不切實際。但只要付諸行動，最終你將能收穫一個美妙的未來。

一生很短暫，一生也很漫長，就看你選擇如果去過。為夢想而奮鬥的人，人生不僅充實，而且多彩的就像一幅絢麗的油畫。庸庸碌碌的人到頭來，人生只是一張塗滿墨跡的廢紙。

找尋生命中那隻「美麗的小鳥」

十九世紀，瑞典一個富人家中誕生了一個女嬰。然而不久之後，孩子便罹患了一種無法解釋的癱瘓症而喪失了走路的能力。

有一次，女孩和家人一起乘船旅行。船長的太太跟她說：「船長養著一隻太陽鳥」。她被這隻鳥的描述迷住了，非常想親自看一看。於是，保姆把孩子留在甲板上自己去找船長。

可是，孩子耐不住性子等待。她要求船上的服務生立即帶她去看太陽鳥，而那服務生並不知道她的腿不能走路，所以只顧帶著她一起去看那隻美麗的小鳥。此時，奇蹟竟然發生了，那孩子因為過度的渴望，竟然拉住服務生的手慢慢的走了兩步。

家人注意到了這個變化，感到這個孩子仍有治癒的希望，於是回去又加以練習。慢慢的，孩子的病便痊癒了。

女孩長大後，投入了文學創作中，最後成為第一位榮獲諾貝爾文學獎的女性，她就是塞爾瑪．拉格洛夫。

渴望去看太陽鳥，讓孩子奇蹟般的站了起來。雖然很多人都比那個小女孩幸運，能夠擁有健康的身體、自由的走動。可是，沒有渴望、夢想、庸庸碌碌的生活，還不如這個身有殘疾卻心懷夢想的小女孩，因為他們的心靈是有殘缺的。

夢想能夠支持你去奔跑、去飛翔，因為夢想是世界上最偉大的力量。

夢想自己能夠飛翔

在一場跳高比賽的決賽上，斯朗．費諾面臨著他撐竿跳高生涯中最富挑戰性的時刻。橫竿定在十七英尺，這比他個人最好成績還高上三英吋。「飛到兩層樓那麼高」這種想法，對於觀看這項比賽的任何人來說都是一個夢想。但此時此刻，這不但是斯朗面對的現實，而且還是他的夢想。

斯朗自從懂事以來就夢想著飛翔。從十四歲起，斯朗就開始了訓練，訓練計劃是由教練，也就是他的父親細心制定。斯朗的執著、決心和嚴格訓練都是父親一手調教的。斯朗是個優秀的學生又是獨子，他為完美而奮力拚搏的這種堅持不懈的精神，不但是他的信念而且是他的激情。斯朗的父親總是說：「想要得到，就必須努力。」

他知道最後的時刻來臨了，只要跨過這個高度就可以穩拿冠軍，而小小的失誤又會使他屈居亞軍。這並沒有什麼可羞恥的，然而斯朗並不允許自己失敗。他在草地上翻滾了一下，指尖上舉，祈禱了三次。他拿起撐竿穩穩站定，踏上他十七歲的生涯中最具挑戰性的跑道。橫竿被定在比他個人最好成績高三英吋的位置上，距全國紀錄僅一英吋。他把撐竿輕輕的置於腳下，伸開胳膊、抬起身體，小心的拿起撐竿。他想，觀眾一定也是屏住呼吸，因為四周一片靜寂。

他開始全速助跑，感覺跑道與往日不同但又很熟悉。他做了一下深呼吸，一切準備就緒。然後他飛了起來，毫不費力的就像在童年的夢幻中。只是這次他知道不是在做夢，這是真的。一切似乎都在以慢動作進行著，他感到周圍的空氣是那樣純淨、新鮮，而他真的在翱翔！

不知是看台上人們的歡呼聲，還是落地時的重擊聲使斯朗重新清醒，鮮亮的暖洋洋陽光照在臉上。斯朗還不知道他的父親正在摟著妻子大哭，就馬上被人群包圍。人們與他擁抱，祝賀他生命中輝煌的成就。他跳出了十七．六五英尺的高度：一項全國，乃至世界青年錦標賽的新紀錄。

鮮花、獎金和媒體的關注改變了斯朗日後的生活。而這一切，不是因為他贏得冠軍並打破一項新的世界紀錄，也不是因為他把自己的最好成績提高了許多，而是因為斯朗．費諾是個盲人。

一個盲人因為有了夢想也可以飛翔，因為夢想給了他無窮的動力。心中有夢所以奮力去追，不僅克服了自身的弱勢，更創造了常人所不能及的紀錄。不要為自己多麼平凡而灰心，不要為自己多麼普通而自棄。只要你有夢想，就一樣能夠創造奇蹟。

尋找你的「糧倉」

李斯是秦朝有名的丞相，他輔佐秦始皇統一中國立下了汗馬功勞。可是，很少有人知道，李斯年輕時只是一名小小的糧倉管理員。他的立志發奮，竟然是因為一次上廁所的經歷。

李斯二十六歲的時候，是楚國上蔡郡府裡的一個看守糧倉的小文書，負責倉庫糧食進出的登記。日子一天天過去，李斯不能說完全渾渾噩噩，但也沒覺得這有什麼不對。

直到有一天，李斯到糧倉外的一個廁所解手，發生了一件極其平常的小事，從此改變了他對人生的態度。

原來，李斯剛走進廁所時驚動了一群老鼠。這群老鼠在廁所內安身，個個瘦小枯乾、毛色灰暗。李斯看見這些老鼠，忽然想起了自己管理的糧倉中的老鼠。那些老鼠，一個個吃得腦滿腸肥、皮毛油亮，與眼前這些老鼠相比，其境遇真是一個在天上，一個在地下。

人生的道理，其實也像那群老鼠一樣，不在「倉」就在「廁」。位置不同，命運也不相同。自己在蔡城內這個小小的倉庫裡做了八年小文書，從未出去看過外面的世界。這不就像這些廁所中的小老鼠一樣嗎？整日在這裡掙扎，竟然不知有糧倉這樣的「天堂」。

想明白的李斯決定換一種活法。第二天他離開了這個小城，投奔一代儒學大師荀況，開始了尋找「糧倉」之路。二十多年後，他把家安在了秦都咸陽的丞相府中。

其實，如果李斯安心過著守倉庫的日子，應該混個溫飽也不成問題。可是，那樣就跟廁所裡的老鼠有什麼不同呢？整日要擔心外界的侵犯，擔心上級的訓斥，還要擔心自己的俸祿，日子肯定不會輕鬆。人生應該是多彩而又自由的，而做到這一切的關鍵就在於你能夠掌握自己的人生。像李斯那樣，找到夢想奮起直追，終有一天會找到自己的「糧倉」。

為自己的前途打工

有一個十八歲的少年來到鋼鐵大王的建築工地工作，別看他只不過是個鄉村孩子做的又是粗重的工作。可是他志向不小，立志要做最優秀的人。

白天的工作很辛苦，到了晚上工友們要麼閒聊、要麼喝酒，只有他躲在角落裡看書。有一天他又在看書，恰巧晚上來抽查工作進度的公司經理看到了這一幕，便問他學那些東西幹什麼。男孩禮貌的回答道：「我覺得公司並不缺少工作者，而是缺少既有工作經驗又有專業知識的技術人員及優秀的管理者，對嗎？」

在場的人都為之一笑，以為他在說大話。可是少年回答說：「我不是只為了賺錢，也不是在為老闆工作，而是在為自己的夢想工作，為自己的遠大前途工作。」

經理很賞識這個少年的志向和膽識，就破例讓他到公司裡發展，不用在工地上做些雜活了。後來，少年透過自己的不斷鑽研，一步步升到了總工程師、總經理，直到被任命為了鋼鐵公司的董事長。最後，他終於建立自己的公司，並創下了非凡業績，實現了從一個工人到創業者的理想。

他的名字叫做齊瓦勃，頭銜是伯利恆鋼鐵公司董事長。

為了自己的夢想而工作，為了自己的遠大前途而工作，這樣的魄力，真是十分少見的。那個少年的壯志豪情，讓他從一個最不起眼的學徒工人，最終成為了執掌公司大權的企業家，這難道不是夢想的力量嗎？為自己的前途負責，為自己的夢想負責，也就是為自己的一生負責。

自作聰明的喜鵲

在一所圖書館旁，有一隻喜鵲常年在附近溜躂，而牠自認自己「很聰明」。一天，一隻麻雀落在附近的樹枝上問這隻喜鵲：「老兄，那些人整天忙著在這裡進進出出的是幹什麼啊？那圖書館裡究竟有什麼？」喜鵲說：「裡面什麼也沒有！」

「那……那些人類整天進進出出的在裡面幹什麼呢？」麻雀驚奇的問。

這時，喜鵲傲氣十足對著麻雀娓娓道來：「我可是這裡最聰明的動物了，你問我就問對人了。我告訴你吧，其實裡面什麼也沒有，就是一張一張的紙，白白的，上面密密麻麻的寫了很多讓人不解的奇怪符號！我也嚐過，味道怪怪的、硬硬的，很難嚥下去，上次還差點噎死我！」

麻雀很納悶的說：「你說，那些人類也真是的，那些白紙既不能吃又不能睡，要它有什麼用？」

那隻喜鵲說：「不然，我說老兄，不如我帶你去一片有名的麥田撿點好東西吃！什麼菜籽啊、蟲子啊，你要什麼就有什麼！」

「哦，好。老兄，下次我來找你。」……「嘎嘎……」

就這樣，那隻喜鵲就這樣又教會了一個「好徒弟」。

自作聰明的喜鵲，並不懂得人類忙忙碌碌的生活，實際上為了各自的理想在奮鬥。牠只看到人們在做牠不懂的事情，不像牠那樣每日只顧著找點蟲子吃就算了。將來在你的生活中，也會遇到許許多多這樣的人，他們不僅自己不努力，還對別人閒言閒語。在你追求夢想的時候，千萬不要受到他們的干擾，這樣才能堅定信念、勇往直前。

窮人最缺少什麼

英國有一位年輕人過得很窮、很苦。後來他以賣畫起家，在不到十年的時間裡，便迅速躋身於全國五十大富翁之列，成為一位年輕的大亨。

過了很多年，在他去世之後，一份報紙刊登了他的遺囑。在這份遺囑裡他說到：「我曾是一個窮人，在以一位富人的身分跨入天堂之門前，我決定把自己成為富人的祕訣留下。誰若能正確回答『窮人最缺少什麼』，猜中我的答案，他就能得到我的獎賞，也就是銀行私人保險箱內的一百萬英鎊。這是揭開窮困之謎的獎金，也是我在天堂給予的鼓勵。」

遺囑刊出後，有成千上萬的人寄來了自己的答案，答案五花八門應有盡有。

絕大多數的人認為，窮人最缺少的當然是錢了，有了錢就不會再是窮人了；也有人認為，窮人之所以窮，最缺少的是機會，窮人之所以窮，是窮在「不走運」。

又有人認為，窮人最缺少的是技能，有一技之長才能迅速致富，一無所長所以才窮；還有人說，窮人最缺少的是幫助和關愛……

搜集了大量的答案之後，在這位富翁逝世週年紀念日上，律師和委託人打開了銀行內的私人保險箱，公開了他致富的祕訣。而他認為：窮人最缺少的，是成為富人的想法。

在所有人中，有一位年僅十歲的女孩猜對了。為什麼只有這位十歲的女孩想得到窮人最缺少的是想法？她在接受獎金時說：「每次，我姐姐把她男朋友帶回家時總是警告我說，不要有想法！不要有想法！於是我覺得，也許是想法可以讓人得到自己想要的東西。」

想法是什麼?想法也是夢想。如果你沒有夢想,那就意味著安於現狀。而安於現狀的人又怎會實現人生的改變呢?有想法才有動力,有夢想才能不斷前進。做一個有想法的人,人生就會書寫出更精采的篇章。

上帝會來幫助你的

他是一個木材商的兒子，因為從小生得呆笨，所以人們都喊他「傻瓜」，而他也確實名副其實。十歲之前，除了老老實實從不犯錯，在學校裡得過一支鉛筆的獎賞之外，從沒有獲得過什麼獎勵。十三歲時他做了一個夢，夢到他的作品獲得了諾貝爾獎。當時他不敢把這個夢告訴別人怕人嘲笑，於是他只告訴了媽媽。

媽媽說：「假如這真是你夢到的，那你就有出息了！你知道嗎？當上帝把一個不可能的夢放在一個人的心中時，就是想要幫助他來完成這個夢想！」他信以為真，覺得自己真是天下最幸福的人了，人那麼多，上帝卻一下子選中了自己。為了不辜負上帝的「期望」，從此他真的喜歡上了寫作。

「我一定經得起磨練，因為上帝會來幫助我的！」他懷著這樣的信念，開始了他的寫作生涯。可是五年過去了，上帝沒有來；又五年過去了，上帝還是沒有來。

就在他期盼上帝來幫助他的時候，納粹的軍隊卻先來了。他是個猶太人，被關進了集中營。在那裡，很多人都不堪折磨的死去了。而他想著自己還有夢沒有實現，還有上帝在身邊幫助，最終堅強的走出了集中營。

一九六五年，他完成了處女座《無法選擇的命運》；一九七五年他寫出了另一部著名的小說──《退稿》。接下來，他文思泉湧的完成了一系列的作品。

此時的他，早已不再關心上帝是否會繼續幫助他。意外的是，瑞典皇家文學院宣布：要將二〇〇二年的諾貝爾文學獎授予他──匈牙利作家凱爾泰斯．伊姆雷。他大吃一驚，幾十年前的夢，成真了！

當人們要他談一談獲獎時的感受他說：「沒什麼感受。我只知道，當你就喜歡做這件事，無論多困難你都不在乎時，上帝就會來幫助你！」

追求夢想的人，心中充滿了渴望。正因如此，絕境也變機遇，地獄也是天堂。因為有夢想，激發了你無窮的潛力，就彷彿有如神助一般，順利的超越生命的障礙，最終實現自己的夢。做一個美麗的夢吧，並努力去實現它！你要相信，當你努力奮勇向前的時候，上帝會來幫助你的！

尋找屬於自己的床

很多年以前，在英國一個偏遠的小鎮上住著一位有名的商人，他有個十八歲的兒子叫羅納德。有一天晚餐後，羅納德欣賞著深秋美妙的月色。突然，他看見窗外的街上站著一個和他年紀相仿的小伙子，那小伙子身著一件破舊的外套，清瘦的身材顯得十分羸弱。

羅納德走下樓去，問他為何長時間站在那裡。小伙子滿懷憂鬱的對他說：「我有一個夢想，就是自己能擁有一座寧靜的公寓，晚飯後能站在窗前欣賞美妙的月色。可是，這些對我來說真的太遙遠了。」

羅納德說：「那麼請你告訴我，離你最近的夢想是什麼？」

「我想，就是能夠躺在一張寬敞的床上舒服的睡上一覺。」

羅納德拍了拍他的肩膀說：「朋友，今天晚上我可以讓你夢想成真。」於是，羅納德領著他走進了富麗堂皇的公寓，把他帶到自己的房間，指著那張豪華的軟床說：「這是我的臥室，睡在這兒，保證像天堂一樣舒適。」

第二天清晨，羅納德早早就起床了。他輕輕推開自己臥室的門，卻發現床上一切都整整齊齊，分明是沒有人睡過的痕跡。羅納德疑惑的走到花園裡，他發現那個小伙子正躺在花園的一條長椅上甜甜的睡著。羅納德叫醒他不解的問：「你為什麼睡在這裡？」小伙子笑笑說：「你給我這些已經足夠了，謝謝……」說完，青年頭也不回的走了。

四十年後的一天，羅納德突然收到一封精美的請柬。一位自稱是他「四十年前朋友」的男士邀請他參加一個湖濱渡假村的落成典禮。出於好奇，羅納德決定去看看。在那裡他不僅領略了典雅的建築，也見了眾多社會名流。終於，他看到了即興發言的莊園主人。「今天，我首先感謝的是在我成功路上第一個幫助我的人。他就是我四十年前的朋友羅納德……」說完，在眾人的掌聲中那位紳士走到了羅納德面前，並緊緊的擁抱他。此時，羅納德才恍然大悟，眼前這位名聲顯赫的地產商彼得，原來就是四十年前那位貧困的青年！

酒會上，彼得對羅納德說：「當你把我帶進寢室的時候，我真不敢相信夢想就在眼前。但是，那一瞬間我突然明白那張床不屬於我，這樣得來的夢想是短暫的，我應該遠離它。我要把自己的夢想交給自己，去尋找真正屬於我的那張床！現在，我終於找到了。謝謝你！」

「夢想是自己的」。同樣的，將夢想實現的過程也應該是自己的。縱然上帝會在你絕望的時候幫助你，讓你重新點燃希望。但是請牢記，你的夢想不能依賴別人去實現！就像那張溫暖的床放在眼前時，雖然能夠讓彼得提前實現心願，但那些畢竟不是自己的、也不是永遠的。要像彼得一樣，頭腦清醒的認清幻境與現實，靠自己的努力去尋找夢中的「床」吧！

你的夢想，不止六百美元

有一個男孩，是七位兄弟姐妹中的一個。他特別瘦弱，時常生病感冒、發燒。他似乎也沒有學習天賦，成績也總是最差的一個。父母和兄弟姐妹都不知道以後這個孩子會成為什麼樣的人，也許就這樣渾渾噩噩的混一輩子。

有一天，男孩看到一個介紹「尼克勞斯」的電視節目，他是有史以來最偉大的高爾夫運動員，男孩的心一下子被打動了。他看著尼克勞斯帥氣的動作，發誓自己也要像尼克勞斯一樣當一個偉大的職業高爾夫運動員。

他請求父親幫他買高爾夫球和球桿，父親說：「孩子，我們家玩不起高爾夫球，那是富人們玩的。」他不依，還是吵著要。母親看到了兒子成才的希望，就對孩子說：「兒子，媽媽相信你行。不過你要答應媽媽，等你成為職業高爾夫球好手後，要幫媽媽買棟別墅好嗎？」他睜大眼睛朝母親重重的點了點頭。

於是，父親在母親的勸說下給他做了一個球桿，然後在家門口的空地上挖了幾個洞，讓他每天都用撿來的球玩上一會兒。

上中學後，他遇到了後來改變他一生的體育老師托馬斯．福勒。托馬斯發現了這個黑人少年的天賦，於是建議他到高爾夫球俱樂部去練球，並幫他支付了全部的費用。僅僅三個月，他就成了全市少年高爾夫球的冠軍。

高中畢業後，他幸運的被大學錄取了。暑假期間，他一個要好的同學來他家玩，說他哥哥的旅遊公司有一艘豪華遊輪正在招募服務生，而且薪水很高，每週有六百美元薪水。問他是否有意去應徵。他動心了，覺得家裡仍然貧窮，自己應像個男人一樣養家了。

過了幾天，老師托馬斯．福勒來到他家，他已經幫他聯繫到了一家高爾夫球俱樂部並準備帶他去報名。小伙子不好意思的告訴老師，他打算去工作了。托馬斯．福勒沉吟半晌然後問他：「我的孩子，你的夢想是什麼？」他愣了一下，似乎有些措手不及。過了好一會他才紅著臉說：「當一個像尼克勞斯一樣的高爾夫球運動員，賺很多錢好幫母親買一棟漂亮的別墅。」

托馬斯．福勒聽完對他說：「你現在就去工作，那麼你的夢想呢？沒錯，你馬上就可以每週賺到六百美元，很了不起。但是，你的夢想就只值每週六百美元嗎？」

十八歲的他被老師的話震驚了，他呆呆的坐在屋子裡心裡反覆想著老師的話。那個假期，他自動的投入了訓練中，並在那年的全美業餘高爾夫球大獎賽上，他成為該項賽事有史以來最年輕的冠軍。三年後，他成了一名職業高爾夫球手。

現在，他已是迄今為止最偉大的高爾夫球運動員，他正創造著高爾夫球的神話。

一九九九年，他是世界排名第一的高爾夫球選手。

二〇〇二年，自從一九七二年尼克勞斯連續獲得美國大量賽事和美國公開賽冠軍之後，他成為再度複製這個輝煌的首位選手。

從一九九六年出道至今，他總共獲得了四十次冠軍。

如今，他以一億美元的年收入成為世界上年收入最高的體育明星之一。他前後買了五棟別墅給母親，並位於不同的地區。他就是「老虎」——伍茲。

如果有人出錢讓你做事但代價是放棄夢想，你會同意嗎？

夢想是無價的，因為它能幫助你完成生命的飛躍，實現生命的價值。

你的夢想，永遠不要用金錢來衡量，只有這樣才能最終創造非凡的成績。

丟開玲瓏的小石頭

有一個年輕人想在所有方面都超越其他人，特別是想成為一名大學問家。可是，許多年過去了，他在各方面表現都不錯，唯獨在學業上始終沒有太大的長進。他很苦惱，就請求一位智慧老人指點迷津。聽完他的話，智慧老人說：「我們一起登山吧，到了山頂你就知道該如何做了。」

那座山，有許多玲瓏剔透的小石頭。每當見到喜歡的石頭，智慧老人就讓年輕人裝進袋子裡背著。很快的年輕人就吃不消了，可是山頂還遙不可及呢。於是，他停下腳步疑惑的問智慧老人：「智慧老人，我為什麼要背這個？再背，別說到山頂，恐怕連現在動也不能動了。」

「是呀，那該怎麼辦呢？」智慧老人微微一笑：「那你為什麼不放下？背著這麼多石頭怎麼能登山呢？」智慧老人捋了捋鬍子，意味深長的說道。

年輕人頓時明白了智慧老人的意思，愉快的向智慧老人道了謝便走了。從此以後他一心做學問，進步飛快……

光有夢想是不夠的，還要有努力；可是，一味的努力也不會大功告成，還需要有選擇的去努力。這個選擇，不僅是在紛繁的方向中找出屬於自己的那一個，更是在選定了方向之後，要專注堅持不能被外界打擾。就像那個年輕人，一心想什麼都得到可是最後卻毫無收穫，就是因為太分散精力。記住，盯住夢想、心無旁騖才能將夢想實現。

學會選擇，才能懂得放棄

如果你始終緊握雙手，那麼手裡一定什麼也沒有；但是當你打開雙手，世界就能在你手中。有時候，如果可以放棄自己固執、侷限的想法，甚至是放棄眼前的利益，反而可以得到許多更美妙的東西。放棄，是為了能擁有更好的，放棄是一種超脫，一種風度，更是一種境界。喜歡釣魚的人都知道，要想釣到大魚就必須用美味的佳餚來做誘餌。同樣的，若想要在某方面有所成就，那就必須在其他方面做出犧牲。

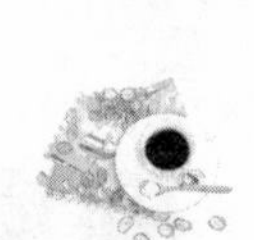

丟掉負重的柴火

有兩個貧苦的年輕人，靠著上山撿柴來維持生計。有一天，他們在山裡發現了兩大包棉花，這個發現讓兩人喜出望外，因為棉花的價格高過柴薪數倍呢！將這兩包棉花賣掉所得的錢，可以讓家人一個月都衣食無慮。於是，兩人便各自揹了一包棉花趕路回家。

走著走著，其中一個年輕人眼尖，看到山路上有著一大捆布，走近細看，那竟是上等的細麻布，還足足有十多匹，他高興的要同伴一同放下肩負的棉花改揹麻布回家。

但是他的同伴卻有不同的想法，他認為自己揹著棉花已經走了一大段路，到了這裡才丟下棉花，豈不枉費自己先前的辛苦？於是堅持不願換麻布。先前發現麻布的年輕人因為無法勸動同伴，只好自己揹起麻布繼續前行。

又走了一段路後，揹麻布的年輕人望見林中閃閃發光，走向前一看，地上竟然散落著好幾塊黃金。他心想這下真的發財了，趕緊要同伴放下肩頭棉花，改用挑柴的扁擔來挑黃金。

但是那位同伴，仍是那套不願丟下棉花不然就枉費先前辛苦的想法，還懷疑那些黃金是假的，反而勸年輕人不要白費力氣，免得到頭來落的一場空歡喜。

發現黃金的年輕人，又只好自己挑了兩擔黃金和揹棉花的夥伴趕路回家。走到山下時，突然下了一場大雨，兩人在空曠處被淋的濕透了。更不幸的是，揹棉花的年輕人肩上的大包棉花，吸飽了雨水，重得完全讓他揹不動了，不得已只好丟下一路辛苦也捨不得放棄的棉花，空著手和挑金的同伴回家去。

人與人的差別，往往不在於面臨的機遇差別，而是在於當機遇來臨的時候，人們所選擇的方式。有的人會單純的接受；有的人抱持懷疑的態度，站在一旁觀望；有的人則倔強得如同騾子一般，固執的不肯接受任何新改變。肯不肯放棄自己眼前的利益，能導致截然不同的結果。許多成功的契機，起初未必能讓每個人都看得到其深藏的潛力，而最初的抉擇正確與否，往往更決定了你的未來。敢勇於放棄沒有價值的「敝帚」，才能贏得新的機會。

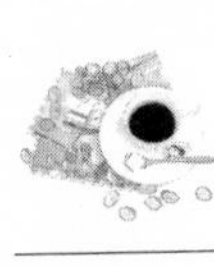

砸碎心中的古瓶

一位身經百戰、戰績輝煌的老將軍，解甲歸田後開辦了一個武術培訓班，還迷上了陶瓷瓶收藏，他對每一件陶瓷瓶都沉迷不已，每天擦了又擦、看了又看的把玩不停。

有一次，一群好友來到他的收藏室欣賞他的收藏品，他眉飛色舞的幫他們介紹，在介紹他最心愛的一只古瓶時，古瓶一不小心從手中滑落，他趕緊將古瓶一抱才沒有摔到地上，可是他在那一瞬間嚇得面如土色、滿身是汗。

這件事使他迷惑不已：自己戎馬生涯了大半輩子，不知經歷了多少腥風血雨都不害怕，可是為什麼只是一只古瓶的掉落就讓自己嚇成這樣？想來想去還是難以得到合理的答案。

後來他時常做夢，夢見古瓶被摔得粉碎、夢見古瓶被偷、夢見房子倒塌砸碎了古瓶……常常是嚇的一身冷汗醒來。夫人見他這樣很心疼，無意中說了一句：「那古瓶還不如摔碎算了，說不定你就不會這樣煩惱。」

一句話使將軍恍然大悟：因為過於迷戀才會患得患失，這是自己製造的心魔使自己難以解脫。所以他一咬牙真的將那只古瓶砸了，這晚他安穩的一覺到天亮。

人的一生中，會遇到許多你十分在意的東西。如果你被這些外物所累，就會時刻受到牽絆。只有懂得放棄這些無意義的東西的人，才能真正掌握自己的人生。

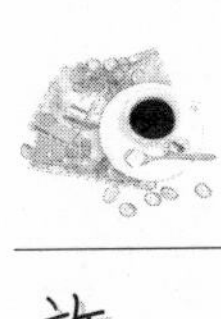

放下手中的杯子

在一次關於生活藝術的演講中，格瓦拉先生拿起一個裝著水的杯子，問在座的聽眾：「猜猜看，這個杯子有多重？」「五十公克」、「一百公克」、「一百二十五公克」……大家紛紛回答。

「我也不知有多重，但可以肯定人拿著它一點也不會覺得累。」

格瓦拉先生說：「現在我的問題是，如果我這樣拿著幾分鐘，結果會怎樣？」

「不會怎樣吧。」大家回答。

「如果像這樣拿著，持續一個小時又會怎樣？」格瓦拉先生再次發問。

「手臂會有點痠痛。」一名聽眾回答。

「說得對。如果我這樣拿著一整天呢？」

「那手臂一定會變得麻木或肌肉痙攣，說不定要到醫院跑一趟了。」另外一名聽眾說道。

「很好，在我手拿杯子期間，不論時間長短，杯子的重量會發生變化嗎？」

「不會。」

「那麼拿杯子的手臂為什麼會痠痛呢？肌肉為什麼可能痙攣呢？」格瓦拉先生頓了頓又問道：「我不想讓手臂痠痛、肌肉痙攣，那該怎麼做？」

「很簡單呀！您應該把杯子放下。」一名聽眾回答。

「是的。」

格瓦拉先生說道：「其實生活中的問題，有時就像我手裡的杯子。我們埋在心裡幾分鐘沒有關係，但是如果長時間想著它不放，它就可能侵蝕你的心力，如此日積月累下來，你的精神可能會瀕於崩潰，到時就什麼事也做不了了。」

「生活中的問題，固然要重視不能輕忽，但不能老是拿在手上。不要總是惦記著它，要適時的放手讓自己放鬆。不然，不知不覺中它會把你壓垮。」

「拿得起，放得下」，這是說你要有放得下的勇氣。然而並不是所有的人都能做到「放得下」，很多人依然活在過去的事情當中。每當人們想起以前發生過的事情，無論是親人的離別，還是事業上的失敗都會感到痛苦。太多人習慣於為昨天流淚，習慣於回憶過去，就像為自己的心靈上了一把枷鎖，用懺悔來束縛自己。放下過去，才能走向未來。

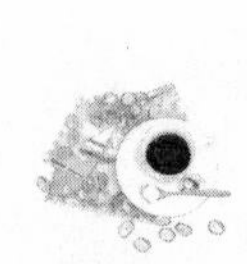

貪婪的獵人

有一次，獵人烏蘭多捕獲了一隻能說六種語言的鳥。「求您放了我吧」這隻鳥說「我可以給你三個忠告。」

「先告訴我」烏蘭多回答道「我發誓我會放了你。」

「第一個忠告是，做事不要懊悔。」

「第二個忠告是，如果有人告訴你一件事，你自己認為那是不可能的，就別相信。」

「第三個忠告是，當你爬不上去時，別費力去爬。」

然後鳥對烏蘭多說：「該放我走了吧。」烏蘭多依自己的承諾將鳥放了。

這隻鳥飛起後停在一棵大樹上，向烏蘭多大聲喊道：「真愚蠢！你放了我，但是你不知道在我的嘴裡有一顆價值連城的大珍珠嗎？就是這顆珍珠讓我這樣聰明的。」

這時，烏蘭多想再抓到這隻鳥，所以他開始爬樹。但是當他爬到一半的時候，卻掉了下來並摔斷了雙腿。

鳥兒繼續嘲笑他，並向他喊道：「笨蛋！我剛才告訴你的忠告你全忘記了。我告訴你，一旦做了一件事情就別後悔，而你後悔放了我；我告訴你，如果有人跟你講你認為是不可能的事，就別相信。而你卻相信，像我這樣一隻小鳥的嘴裡會有一顆很大的珍珠；我告訴你如果爬不上去，就別強迫自己去爬。而你追趕我並試圖爬上這棵大樹，結果掉下去摔斷了雙腿。這個箴言說的就是你，對聰明人來說，一次教訓比蠢人受一百次鞭笞還深刻。」說完，鳥就飛走了。

人因貪婪常常會失去理智，什麼蠢事也做的出來。只有放開自己對物質、對很多事物的貪念，才能讓自己順利的走完人生旅程。

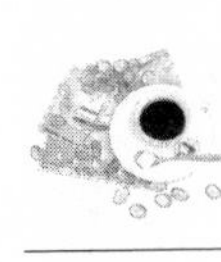

走出安樂的比爾蓋茲

比爾．蓋茲是眾所皆知的商業奇蹟創造者，是年輕人心目中的偶像，更是一個懂得選擇方向的人。但是，他人生中所做的最重要選擇莫過於休學。二十歲時，比爾．蓋茲就對電腦十分有興趣，他深信總有一天，電腦會像電視一樣走入千萬戶人家中。他堅定的信念不但打動了自己，還打動了夥伴、打動了父母，獲得了事業和精神上最寶貴的支持。

哈佛大學是多少人夢寐以求的學府，而考上哈佛大學的比爾．蓋茲在大三時，毅然決然的選擇了離開校園，去闖一番屬於自己的天地。這不是一般人能夠下的決心和勇氣。但是也只有能下這樣的決心和勇氣的人，才可能成為非凡人物！假如比爾．蓋茲依然在哈佛深造，學習課本上千篇一律的東西，也許就不會有我們今天所熟悉的win dows系統，也不會有商界的微軟奇蹟了。

比爾·蓋茲曾經說過這樣一句激勵人心的話：「人生像是一場大火，我們每個人唯一可做的，就是從這場大火中多搶救一點東西出來。」本著這種人生短暫稍縱即逝的信念，他及時決定所要放棄的東西和所要選擇的東西，不僅改變了自己一生的軌跡，也改變了世界。放棄現有的舒適和光環，才能有新的成就。

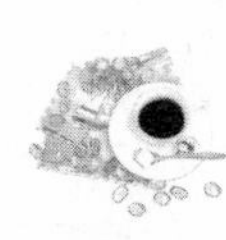

放棄雜念的開鎖匠

有位鎖匠名叫格非勒，他的手藝遠近聞名，但是最讓人敬重的是他的人品。因為每次為顧客配製鑰匙，他總會先告訴顧客自己的姓名和住址，並說：「如果你家發生了盜竊事件，只要小偷是用鑰匙打開家門的，你就來找我！」

漸漸的，格非勒老了，為了不讓自己的手藝失傳，他決定在兩個年輕的徒弟中選一個做自己的接班人。為此，他進行了一次考試，他準備了兩個保險箱，分別放在兩個房間。考試的規則是，誰能在最短的時間裡打開保險箱，誰就有資格得到自己的真傳。

大徒弟不到十分鐘就打開了保險箱，二徒弟卻花了半個多小時。這時，格非勒突然向大徒弟問道：「保險箱裡有什麼？」

大徒弟回答：「師傅，裡面有很多錢，都是百元大鈔。」

同樣的問題老師傅又問了二徒弟，二徒弟支支吾吾了老半天，才不好意思的說：「師傅，我只顧著開鎖，沒注意到裡面有什麼。」

格非勒點點頭，當眾宣布二徒弟將是自己的接班人，並把保險箱裡的錢給了大徒弟讓他走人，這讓大徒弟很不服氣。在場許多看熱鬧的人也都議論紛紛，覺得不能理解。

這時候格非勒說話了：「我培養接班人有一個最基本的標準，就是他必須做到心中只有鎖而無其他，對錢財視而不見。否則，心存私念和貪心一旦把持不住，要登門入室或打開人家保險箱拿錢都易如反掌，最終是害人害己。我們製鎖的人，每個人心中都要有一把不能打開的鎖啊！」

每個人心中，都要有一把不能隨便打開的鎖，那就是道德的枷鎖。大徒弟雖然技術比小徒弟出色，但是在道德的尺度上打了折扣，讓別人失望；小徒弟技術比大徒弟遜色，但是在職業道德上高出師兄，也達到了老鎖匠的期望，令人信服。做任何事情，只有放棄雜念、專心於事情，才能有所成就。

聰明人永遠富有

富翁麥迪帶著全家人一起環遊世界。為了沿途能過得舒服一點，麥迪決定帶著滿滿一箱珠寶出遊。一路上全家人玩得十分開心，也因為準備了足夠的錢，所以每次遇到什麼好玩的或者有意義的小東西他們都買下來。

這一天，一家人坐上了一艘大客輪，麥迪和兒子看著水手們幫他們把行李全都放到了艙內，這才安心的去休息。可是他們沒有想到的是，原來兩位水手在抬裝著珠寶箱的行李時，因為好奇這個箱子為何特別沉重，所以就用尖利的刀撬開了箱子的一角，結果發現裡面是滿滿的珠寶。當這兩位水手把這個祕密告訴其他水手時，這些人決定要把麥迪一家人祕密殺害，然後再平分珠寶。

夜裡，興奮的水手們正在一起商議如何實施殺人越貨的計劃。湊巧的是，正好麥迪晚上起來想找一點宵夜吃，結果聽到了水手們的計劃。麥迪嚇得要命，趕緊把這一切都告訴了家人，於是一家人在忐忑不安中，商量著如何躲過這場即將到來的災禍。兒子建議把珠寶從箱子裡拿出來，然後分別藏到每個人身上，那樣水手們就找不到珠寶了。

「這麼做的話，水手依然會從我們身上發現珠寶，這樣一來我們只會死得更快！」大家馬上就否定了兒子的建議。女兒也提出一個建議：「我們不如自己主動將珠寶交出去吧，看在珠寶的份上，也許水手們會大發慈悲饒過我們的性命。」剛開始大家覺得這可能是唯一可行的辦法，可是一認真分析，麥迪認為絕對不能這麼做：「絕對不可以，水手們既然已經商量如何搶珠寶又要殺人，就表示他們害怕事情暴露，企圖躲過法律的制裁。如果我們將珠寶交出去，他們看到事情已經暴露，更不會讓我們活著離開的。」

大家一連想了幾個辦法都不行，一家人心中是既焦急又恐懼。他們都知道，如果不快點想出辦法，他們的生命和財產將隨時面臨著嚴重威脅。終於，麥迪在和妻子的商量下，想出了一個絕妙的主意，決定天一亮就依計而行。天亮了，水手們都出來工作。這時，正在吃早飯的麥迪突然將手中的一個盤子扔向兒子：「你這個渾蛋!你要是不聽從我的安排，那你就別想繼承我的任何財產！」兒子從艙裡跑到甲板上，一邊跑一邊說道：「你這個老頑固！我不會再聽你的任何一句話，過去我受你的擺佈已經太多了，我要過自己想要的生活！」然後兒子又衝進船艙收拾自己的行李。

甲板上的人們都想，這只是父親與兒子之間的吵架而已。可是父子之間的戰爭還沒有平息。麥迪突然間暴怒，他不讓兒子拿走任何一件東西，說那些都是他賺來的。兒子也被觸怒了，他不顧母親和妹妹的勸說，衝到行李處打開珠寶箱，然後一件一件的把那些珠寶展示給水手們看。突然，他闔起箱子，就把那只裝滿珠寶的箱子推到了水裡，而且還氣憤的對父親說：「既然你不讓我拿走任何東西，那你也別想得到那些珠寶！」

旁邊的水手們都看傻了眼，他們眼看著即將到手的財富，就這樣被這個敗家子給扔到了水裡，只好放棄先前的陰謀。接下來的兩天航程裡，麥迪和兒子仍然三不五時的大吵，而且還說上了岸以後要讓法官來評理，並且要船上的人留下來幫他們作證。

兩天後，輪船靠岸。麥迪和兒子互相嘶吼著去見法官，水手們在一旁等著看笑話。法官來了，而且還帶著裝備精良的警察。警察迅速的把水手們都帶到法官面前，法官這時才告訴眾人：「這些水手就是經常在輪船上犯案的強盜，他們已經盜走了許多客人的財物，而且還謀殺過至少五名乘客。」

水手們得到了應有的懲罰。在海上警察的幫助下，麥迪一家打撈起了那個被兒子扔進海裡的珠寶箱，他們一家人也安全的回到了家。

生活中，面對「捨」與「得」兩種選擇，人們大多數時候會選擇「得」，卻忽略了需要付出的代價。凡事有捨才有得，很多時候，人們必須懂得捨棄才能有所收穫。如果只想「得」而不願意「捨」，那失去的可能將會更多。

別被「包袱」壓垮

一對靠撿回收為生的夫妻，每天一早出門，就拖著一部破車到處撿拾破銅爛鐵，等到太陽下山時才回家。他們回到家的時候，就在門口的院子裡擺了一盆水，搬個板凳坐著，把雙腳浸在盆中然後拉弦唱歌，唱到月亮出來了，才帶著渾身的涼爽進房睡覺，日子過得非常逍遙自在。

他們對面住了一位很有錢的富翁，富翁每天都坐在桌前打算盤，算算哪家的租金還沒收，哪家還欠帳，每天總是很煩。他看對面的夫妻每天快快樂樂的出門，晚上輕輕鬆鬆的唱歌，非常羨慕也非常奇怪，於是問他的侍者說：「為什麼我這麼有錢卻不快樂，對面那對窮夫妻卻如此快樂呢？」

侍者聽了就問主人說：「主人，想要他們憂愁嗎？」

主人回答道：「我看他們不會有憂愁的。」

侍者說：「只要你給我一貫錢，我把錢送到他家，保證他們明天不會拉弦唱歌。」

主人說：「給他錢他一定會更快樂，怎麼說不會再唱歌了呢？」

侍者說：「你儘管給他錢就是了。」

主人果真把錢交給侍者，當侍者把錢送到窮人家時，這對夫妻拿到這貫錢真的很煩惱，那天晚上竟然睡不著了。想要把錢放在家中，門又沒辦法關緊；想藏在牆壁裡面，但是牆用手一扒就會開；把錢放在枕頭下又怕丟掉……夫妻倆一整晚都在為這貫錢操心，一會兒躺上床一會兒又爬起來，整夜就這樣反覆折騰的無法成眠。妻子看丈夫坐立不安的樣子也被惹煩了說：「現在你已經有錢了，你又在煩惱什麼呢？」

丈夫說：「有了這些錢，我們該怎樣處理呢？把錢放在家中又怕丟了，現在我滿腦子都是煩惱。」

隔天一早他把錢帶出門，在整條街上繞來繞去的不知要做什麼好，繞到太陽下山月亮上來了，他又把錢帶回家，仍然垂頭喪氣的不知如何是好。

想做小生意卻不甘願，要做大生意錢又不夠，他向妻子說：「這些錢說少也不少，但是又沒多到能做大生意，真是傷腦筋啊！」

那天晚上富翁站在對面，果然聽不到拉弦和唱歌了，因此就到他家去問他怎麼了？這對夫妻說：「我看我把錢還給你好了。我寧可每天一大早出去撿破爛，也比有了這些錢輕鬆啊！」

這時候富翁突然恍然大悟。原來，有錢不知佈施，也是一種負擔。

什麼樣的人生才是快樂的呢？放下沉重的包袱，不為貪婪所誘惑，擇精而擔、量力而行，這樣的人生才是自然輕鬆而快樂的。不被貪婪所誘惑的人最沒有負擔，放下不必要的包袱，你才能輕鬆的生活。

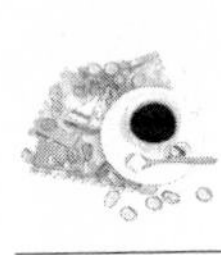

沙灘上的字

古德和略特、約翰兩位朋友一起旅行。三人行經一處山谷時，約翰不慎失足滑落，幸好略特拚命拉住他才將他救起。約翰感激的在附近大石頭上刻下了：「某年某月某日，略特救了約翰一命。」

三人繼續走了幾天，來到一處河邊，略特跟約翰為了一件小事吵起來，略特一氣之下打了約翰一耳光。約翰跑到沙灘上寫下：「某年某月某日，略特打了約翰一耳光。」

當他們旅遊回來後，古德好奇的問約翰為什麼要把略特救他的事刻在石上，卻將略特打他的事寫在沙灘上？

約翰回答：「我永遠都感激略特救我，我會記住的。至於他打我的事，我會隨著沙灘上字跡的消失而忘得一乾二淨。」

時光的流逝永不停息，誰都應該學會忘記過去的遺憾、過去的傷痛，因為還有許多美好的事在等著你。我們的確應該記住某些事，但更應該學會忘掉某些事。只有忘記、只有放棄，你才能好好的面對未來。

殺死斑馬的兇手

凡是去過非洲草原的人，都會讓那裡蒼翠茂盛的植物，和種類繁多的動物所震撼。可是，如果真讓那些喜歡大自然的人在那裡住一段時間的話，他們又常常會感到受不了。這不僅是因為那裡的天氣酷熱難耐，而讓人們感到更難以忍受的，其實是那些無處不在以吸血為生的小動物。有一種叫吸血蝙蝠的小動物，在非洲草原上隨處可見。牠小得有些不起眼，但吸血的本領卻是一流。據說，每年死在吸血小蝙蝠嘴下的斑馬不計其數。體格龐大的斑馬怎麼會死在吸血小蝙蝠嘴下呢？難道小小的蝙蝠竟然能使斑馬因失血過多而死？

帶著一連串的疑問，一批大學生來到了非洲草原，他們想要瞭解，斑馬究竟是如何死於吸血小蝙蝠嘴下的。他們將幾十部特製的微型攝影機放在斑馬經常出沒的地方，經過幾天的跟蹤拍攝，大學生們終於看到了斑馬與吸血小蝙蝠「搏鬥」的全部過程。

吸血小蝙蝠會先輕輕的附在斑馬腿上，然後用鋒利的牙齒迅速刺破斑馬腿上的一塊皮膚，同時開始將尖尖的嘴伸到傷口處用力吸血。

感到疼痛的斑馬迅速踢腿、狂奔，可是任憑斑馬怎樣劇烈運動，吸血小蝙蝠都不放棄，仍然將嘴埋在那裡用力吸血。斑馬越是劇烈的運動，傷口處的血就越是往外湧，這會吸引更多的吸血小蝙蝠。

當越來越多吸血小蝙蝠飛來的時候，斑馬仍然不停的奔跑，使勁用力踢踏腳下的植物。

吸血小蝙蝠們終於吸得肚皮鼓鼓的飛走，可是斑馬被牠們折騰得憤怒極了，到處橫衝直撞，就像發了瘋一樣不停奔跑，最後在精疲力竭中死去。當這些大學生反覆對這些影像資料進行分析之後，又結合吸血小蝙蝠的吸血量和斑馬的體格特徵進行深入研究，結果他們最後得出這樣的結論：吸血小蝙蝠吸取的血量，對於斑馬來說其實是微不足道的，真正使斑馬死去的原因，根本就不是失去的這些鮮血，而是斑馬在被小蝙蝠襲擊之後的暴怒和劇烈運動。也就是說，如果斑馬能夠按捺住怒氣，不理會吸血小蝙蝠的襲擊任憑小蝙蝠吃個飽，牠也不會失去多少血，更不會因此喪命。

面對微不足道的小事時，人們往往不能沉著冷靜的處理，結果讓小事擾亂了心緒和生活，使人們最後在瑣碎的煩惱裡終其一生，這就是因為不懂得放棄。小事上糊塗一下，是為了大局，學會在小事上放棄、不爭執，才能有所得。

丟開「不在的雙腿」

一位武林高手，曾經以一雙迅猛無敵的快腿，令前來與之切磋武藝的人個個佩服得五體投地，用「威震武林」四個字來形容這位武學大師的腿功是最恰當的。

可是「造化弄人」，在一次上山採藥的時候，武學大師不小心踩空掉下懸崖，雖然命是保住了，但是雙腿卻摔斷了！一向以腿部自豪的武學大師，過去迅猛無敵的快腿，此時連最基本的站立和行走都成了問題。等到武林高手從昏迷中清醒過來時，弟子們幾乎不敢告訴他這個慘痛的消息，他們甚至不敢想像，當師傅看到一雙空褲管時會有怎樣的反應。

可是，當大師看到一雙空褲管時，他沒有像弟子們想像的那樣慌亂，更沒有捶胸頓足的表達自己的痛苦和抱怨命運的不公。他要弟子把自己扶起來，平靜的吃下一些飯菜，然後就像過去一樣坐在那裡練習內功了。

練習完內功，看著一臉茫然的弟子們，武林高手說道：「我想說兩件事：第一，以後誰還想練腿部功夫，我還會像以前一樣認真教導，只不過很難再親自示範了；第二，從今天起我要練習臂掌部的功夫，我相信自己不會因為失去雙腿而變成廢人，你們也不必因為師傅失去雙腿而放棄在武學上的修練。」

幾年以後，這位武學大師以其出色的掌上功夫贏得了更多人的敬仰。當一位多年不見的老友看到他失去雙腿而流淚歎息時，這位武學大師微笑著對老友說：「我把過去的一切都扔掉了，所以能輕鬆的生活、練武，可是你怎麼還讓幾年前的痛苦擾亂久別重逢的興致呢？」

成功或失敗，快樂或傷痛都屬於過去，留在昨天的陰影中不肯走出，就永遠看不到前面的陽光。當雙腿已經不在的時候，不要放不開過去，不要打不開心結，相信總還有新的路可以走。我們不該在黎明升起時還背負著昨日的傷痛，學會放棄自己已經沒有的東西，才是智者的選擇。

每個困難都有存在的正面價值

弗蘭西斯·培根曾經說過：「在順境中，也有可怕與不如意的事；在逆境裡，又未嘗沒有慰藉和希望。」

上天是最公平的，每一個困境都有它正面的價值所在，關鍵是如何去面對困境，如何將困境變成上天賜予我們的力量。走過困境，戰勝困難，你將收穫心靈的成長！

困境即是賜予

有一天，素有「森林之王」之稱的老虎來到了天神面前：「我很感謝您賜給我如此雄壯威武的體格，如此強大無比的力氣，讓我有足夠的能力統治這整片森林。」

天神聽了微笑著問：「但是，這不是你今天來找我的目的吧！看起來你似乎為了某事而困擾呢。」

老虎輕輕吼了一聲說：「天神真是瞭解我啊！我今天來，的確是有事相求。因為儘管我的能力再強，但是每天雞鳴的時候，我總是會被雞鳴聲給嚇醒。神啊！祈求您，再賜給我一個力量，讓我不再被雞鳴聲給嚇醒吧！」

天神笑道：「你去找大象吧，牠會給你一個滿意答覆的。」

老虎急匆匆的跑到湖邊找大象，還沒見到大象，就聽到大象跺腳所發出的砰砰響聲。

老虎加速的跑向大象，卻看到大象正氣呼呼的直跺腳。

老虎問大象：「你幹嘛發這麼大的脾氣？」

大象拚命搖晃著大耳朵吼著：「有隻討厭的小蚊子，總想鑽進我的耳朵裡，害我都快癢死了。」

老虎離開了大象，心裡暗自想著：「原來體型這麼巨大的大象，還會怕那麼瘦小的蚊子，那我還有什麼好抱怨的呢？畢竟雞鳴也不過一天一次，蚊子卻是無時無刻的騷擾著大象。這樣想來，我可比牠幸運多了。」

老虎一邊走，一邊回頭看著仍在跺腳的大象心想：「天神要我來看看大象的情況，應該就是想告訴我，誰都會遇上麻煩事，而祂並無法幫助所有人。既然如此，那我只好靠自己了！反正以後只要雞鳴時，我就當做雞是在提醒我該起床了。這樣想想，雞鳴聲對我還算是有益處呢！」

人生的路上，稍微遇上一些不順的事，人們就會習慣性的抱怨老天虧待自己。但實際上，老天是最公平的，每個困難都有其存在的正面價值。

困難是上天賜給你的特殊的禮物，只要努力，任何一個障礙都會成為一個超越自我的契機。要把不利變為有利，把困難看成挑戰和機遇。事物都具有兩面，困難使人痛苦，但是透過困難的磨練，的確會使人變得更加成熟，這是成長的必修課。

走出密林的奇蹟

在美洲一片茂密的叢林裡，走著四個皮包骨的人。他們扛著一只沉重的箱子，步履沉重的在茂密叢林裡跟蹌前行。

他們四個人，是跟隨隊長格力斯潘進入叢林探險的。格力斯潘曾答應給他們優厚的工資。但是在任務即將完成的時候，格力斯潘不幸得了病而長眠在叢林中。

這個箱子是格力斯潘臨死前親手製作的，他十分誠懇的對四人說道：「我要你們向我保證，一步也不離開這只箱子。如果你們把箱子送到我朋友——作家斯蒂芬手裡，你們將分得比金子還要貴重的東西。我想你們會送到的，我也向你們保證，比金子還要貴重的東西你們一定能得到。」

埋葬了格力斯潘以後，這四個人就上路了。

叢林的路越來越難走，箱子也越來越沉重，但是他們的力氣卻越來越小了。他們像囚犯一樣在泥潭中掙扎著，一切都像在做噩夢。只有這只箱子是實在的，是這只箱子在撐著他們的身軀！否則他們一定會全倒下的。

他們互相監視著，不准任何人單獨亂動這個箱子。在最艱難的時候，他們想到了未來的報酬是多少。當然，還有比金子還重要的東西。

終於有一天，綠色的屏障突然拉開，他們經過千辛萬苦終於走出了叢林。四個人急忙找到作家斯蒂芬，也迫不及待的問起應得的報酬。

作家似乎沒聽懂，只是無可奈何把手一攤說道：「我是一無所有的啊。噢！或許箱子裡有什麼寶貝吧。」於是，當著四個人的面，作家打開了箱子。大家一看都傻眼了，箱裡裝的只是一堆沒用的木頭！

「這開什麼玩笑？」一個人說。

「這些木頭根本不值幾塊錢，我早就看出那傢伙有神經病！」另外一個人吼道。「比金子還貴重的報酬在哪裡？我們上當了！」第三個人也憤怒的嚷著。

此刻，只有第四個人一聲不吭。他想起了他們剛走出的密林裡，到處都是一堆堆探險者的白骨，他想起了如果沒有這只箱子，他們四人或許早就倒下去了……這時他站起來對夥伴們大聲說道：「你們不要再抱怨了。我們得到了比金子還貴重的東西，那就是生命！」

困境中如何發掘機會?絕望時如何發現希望?其實，奇蹟並不難找尋，只要你能夠在心裡建立牢牢的信念，相信自己能夠戰勝困難，渴望在絕處逢生。如果你開發了這內心深處的力量，那麼奇蹟就會發生在你自己身上。

就像那幾個探險者，因為獎勵的誘惑而走出了叢林。困境之中，找到自己的力量之源，那麼一切問題都會迎刃而解。

「嘗膽」後才有成就

春秋時期，吳國與越國是冤家。在一次戰爭中，吳軍把越王勾踐包圍在會稽山上，越王在走投無路的情況下只能忍辱求和。從那之後，越國只能向吳國稱臣。越王勾踐像奴隸一般，在吳國宮中服役了好幾年，直到後來吳王免了勾踐的罪，才放他回國。

勾踐回到越國，便苦身勵志、發憤圖強。為了提醒自己不能忘了亡國之痛、報仇雪恨，他在居住的茅草屋裡懸掛一個苦膽，無論是出是進、是坐是站，時刻都要看到苦膽；每次吃飯、睡覺前都嘗一嘗苦膽。每當嘗膽時他就問自己：「你忘記會稽之恥了嗎？」

勾踐親身躬耕，他既不用床也不用被褥。累了，便睡在硬柴堆砌的「床」

上，他的夫人也親手紡織。他們生活節儉，從不吃兩種葷菜，不穿兩種色彩的衣服；賑濟貧民、禮賢下士、優厚待客與百姓同甘共苦。

十多年後，越國在勾踐的治理下終於強大了。在一場戰爭中，越國最終滅了吳國，雪了多年前的恥辱，也證明了自己在絕境中，同樣能夠東山再起再度稱雄。

在困難中使人倒下的往往不是困難本身，而是消極悲觀的態度，是缺乏戰勝困難的勇氣和信心，也是缺乏堅強的意志。既然困難不可避免，那勇敢的人就不該逃避、不該抱怨，應該接受困難、接受挑戰、臥薪嘗膽、磨練自己的心智。積極的利用困境，在困境中磨礪自己，在困境中鍛鍊自己，在困境中磨練意志。成大事者必經大磨難，走過這些磨難之後，英雄就這樣誕生了！

燒掉的，是過去的錯誤

愛迪生六十五歲那年，苦心經營的工廠發生火災毀於一旦，他的損失不下於三百萬美元，這麼多年精心的研究也全部付之一炬。更令人痛心的是，由於那些廠房是鋼筋水泥所造，而當時的人們認為那是可以防火的。所以，他的工廠保險投資很少，算來也只能獲得十五%的理賠金額。

當他的兒子聽說了這場災難之後，緊張的跑去找他的父親。他發現老愛迪生就站在火場附近滿臉通紅，滿頭白髮還在寒風中飄揚著。兒子很擔心父親會出什麼問題，可是父親沉默不語，始終默默的看著廢墟。

第二天一早，老愛迪生走過火場，看著所有的希望和夢想毀於一旦，原本應該痛心絕望的他卻說：「這場火災絕對有價值。我們所有的過錯，都隨著火災而毀滅。感謝上帝，我們還可以從頭做起。」

就在三週之後，也就是那場大火之後的第二十天，愛迪生製造出了世界上第一部留聲機。

人在生命的長河中，難免會遇到困難。困難並不可怕，可怕的是不能以正確的態度面對困難。

河水順流而下，生活逆水行舟。一時毀滅性的打擊固然讓一切前功盡棄，但是愛迪生看到「這是燒掉了自己過去的錯誤。」畢竟，東山再起時他已經知曉哪條路走不通，這不正是困難給予他的啟示和恩賜嗎？

你還有兩條路可以走

一隻狐狸被獵狗追捕，已經跑得精疲力竭。有隻貓頭鷹飛在上空，情景都看在眼裡。看到狐狸這樣沒命的狂奔，貓頭鷹心生慈悲的想幫牠忙。

貓頭鷹飛到一棵大樹上，狐狸正好也看到這棵大樹，於是飛也似的爬上枝幹。獵狗很快就追到樹底下來，大聲的吠個不停。

「如果我會飛該多好。」狐狸感慨道。

「現在講這個來不及了，你只有兩條路可走。」貓頭鷹開始對狐狸做分析。

「哪兩條路？」狐狸不解。

「一條是溜下樹幹再跑，另一條是留在樹上。」狐狸本以為得到了救兵，但聽了貓頭鷹的話卻差點暈倒。

「留在樹上的話，等一下獵人到了就會一槍把你斃了。溜下樹幹再跑，你還有兩條路可走。」貓頭鷹說道。

「哪兩條路？」

「一條是往右跑，另一條是往左跑。」狐狸聽了，氣得差點掉到樹下。

「往右跑是一條大道，你只要繼續跑就可以。往左跑會碰上斷崖，只好跳下去。」貓頭鷹仍然冷靜的分析，「跳下斷崖，你還是有兩條路可走。」

「哪兩條路？」狐狸著急的問。

「一條是摔死，另一條是摔到水潭沒死。」狐狸聽得兩腿發軟。

「摔到水潭沒死，你仍然有兩條路可走。」

「又有兩條路呀！」

「是的。一條是溺死，另一條是沒溺死。」貓頭鷹不疾不徐的說。

「沒溺死會怎樣？」

「沒溺死的話，你也還有兩條路可走。此時，獵狗已找不到你了。」

「我比較關心的是我還有哪兩條路？」

「一條是凍死，因為底下很冷；另一條是找到洞穴棲身。」

「怎麼這麼複雜呢？」

「沒辦法，野生動物的命就是這樣。找到洞穴棲身，還是有兩條路等著你。」

「又是兩條路？」狐狸傻瞪著。

「沒錯。一條是餓死，另有一條是找到小動物充飢。」

「找小動物充飢不難吧？」

「在谷底能活下來的動物不多，找得到的話你就能活下來。找不到也沒關係，最多餓死。反正你也離不開谷底了，早死晚死都一樣。」

狐狸聽到這裡終於想開了，看著獵狗那凶狠的嘴臉也不再害怕。貓頭鷹認為已經幫上忙，就逕自飛走了。

上天從來不會讓人陷入絕境，當你面對困難的時候，有兩種選擇「一種，是被困難嚇倒；而另一種，是把困難踩在腳下！」如果遇到困難時能夠保持樂觀想法，那麼就會看到眼前一定會有兩條路。看到兩條路，心中更會燃起希望的火苗，化解阻礙就指日可待。任何時候，如果放棄希望就沒救了。看到還有兩條路可走，就已經獲得了走出困境的指南針。

「獵王」的兒子

一位獵人有著一流的打獵技術，還被人們尊稱為「獵王」。然而，漸漸年老「獵王」非常苦惱，因為他三個兒子的打獵技術都很平庸。

他經常向人訴說心中的苦惱：「我真想不通，我打獵的技術這麼好，我的兒子們為什麼技術這麼差呢？我從他們懂事起就傳授打獵技術給他們，從最基本的東西教起，告訴他們怎樣做陷阱最容易捕捉到獵物，怎樣偽裝最不會驚動獵物，怎樣讓獵槍打得最準確。他們長大了，我又教他們怎樣辨識動物腳印、叫聲……我長年辛辛苦苦總結出來的經驗，都毫無保留的傳授給他們，可是他們的打獵技術，竟然還比不上技術比我差的那些獵戶的兒子！」

一位長者聽了他的訴說後問：「你一直很仔細的教他們嗎？」

「是的，為了讓他們得到一流的打獵技術，我教得很仔細、也很有耐心。」

「他們一直跟隨著你嗎？」

「是的，為了讓他們能少一點遇到錯誤，我一直讓他們跟著我學。」

長者說：「這樣說來，你的錯誤就很明顯了。你只傳授給了他們技術，卻沒傳授給他們教訓。對於才能來說，沒有教訓與沒有經驗一樣，都不能使人成大器！」

一帆風順的事情雖然讓人開心，卻不能帶來思考和成長。人的一生如果只在淺水池中度過，就永遠不會知道如何應對真正的風浪。不經歷風雨怎麼見彩虹？如果你也想擁有不同凡響的人生，就不要拒絕那些困難和艱辛，因為所有這些都是邁向成功必不可少的階梯。經歷困境的磨難，你將蛻掉稚嫩的外皮，蛻變成真正的強者。

主動尋找磨練

一個學小提琴的男孩走進練習室。琴架上，擺放著一份全新的樂譜。

「這……超高難度耶……」他翻動著，喃喃自語。感覺自己對演奏小提琴的信心，似乎跌到了谷底消磨殆盡。

已經三個月了，自從跟了這位新的指導老師之後，他不知道為什麼大師要以這種方式整人？勉強打起精神，他又開始不斷奮戰。

指導老師走了進來，他是個極有名的小提琴大師，他拿給男孩一份新的樂譜。

「試試看吧！」他說。樂譜難度頗高，男孩拉得生澀僵滯、錯誤百出。

「你還不熟，回去好好練習！」老師在下課時如此叮囑男孩。

男孩練了一個星期，第二週上課時正準備中，沒想到老師又給了他一份難度更高的樂譜：「試試看吧！」而上星期的功課老師提也沒提，男孩再次掙扎於更高難度的技巧挑戰。

第三週，更難的樂譜又出現了，同樣的情形持續著。男孩每次在課堂上，都被一份新的樂譜難倒，只好把它帶回去練習；接著再回到課堂上，重新面臨難上兩倍的樂譜卻怎麼樣都追不上進度，一點也沒有因為上週的練習而有駕輕就熟的感覺，男孩感到愈來愈不安、沮喪及氣餒。

一天，老師走進練習室。男孩再也忍不住了，他必須向老師提出這三個月來何以不斷折磨自己的質疑。

老師沒開口，他抽出了最早的第一份樂譜交給男孩。「演奏吧！」他以堅定的眼神望著男孩。

不可思議的事發生了，連男孩自己都訝異萬分，他居然可以將這首曲子演奏得如此美妙、如此精湛！老師又讓男孩試了第二堂課的樂譜，男孩仍然出現高水準的表現。演奏結束，男孩怔怔的看著老師說不出話來。

「如果，我任由你表現最擅長的部份，可能你還在練習最早的那份樂譜，也不可能有現在這樣的程度。」老師緩緩的說著。

人的潛力是無窮的，是需要我們去挖掘的。而要挖掘自己的潛力，就是要善於做一些自己以為做不到的事情，主動為自己尋找困難、創造困難。久而久之，你就會發現自己原來還具有其他的優勢。用困難來磨練自己，是成長最有效的方式。

奏出生命的樂章

帕爾曼是世界聞名的音樂大師。自小時候，他的琴藝天才便展露無遺，但他經歷了各種常人難以想像的艱難和困苦。他從三歲開始練琴，有時候一練就是十二個小時。

可是，從五歲時候的一場痲疹開始，小帕爾曼幾乎是伴隨著病痛成長的。八歲時，他差點死於猩紅熱；十四歲時罹患肺炎，大量放血治療才免於一死；四十歲時，因為牙床發炎，幾乎拔掉所有的牙；接著，牙床才剛剛康復，他的眼睛又感染了可怕的傳染性疾病，不幸的事接二連三。五十歲之後，帕爾曼便一直活在關節炎、腸道炎以及結核病的病痛中。

病痛沒有擊垮帕爾曼，他從未放棄過對音樂的執著。他在十三歲的時候，舉辦了首場個人音樂會一舉成名。日後，他的琴聲遍及歐洲，得到了很多名人的讚賞。李斯特曾讚美他的琴聲「不知道充滿了多少靈魂」。歌德在聽到他的琴聲時也驚呼：「在這四根琴弦裡，不知道包含了多少苦難、傷痛和受到殘害的靈魂啊！」

頑強的小提琴大師帕爾曼，正是因為抓住了音樂的旋律，才使得生命沒有因為病痛而悄然逝去，在困境中奏響了生命恢弘的樂章。

上天賦予我們生命，就是要我們用它去創造價值。然而祂又給予我們許多附加的痛苦和磨難，就是要讓我們在這種砥礪當中更加珍惜生命的美好，更加努力的去爭取更好的生活。唯有在困境中堅持不懈的勇敢走出來，你才能知道自己真正的追求，才能奏響生命的華麗樂章。

沒有眼睛，一樣可以看到光明

海倫．凱勒是聞名世界的美國盲聾啞女作家、教育家。

十九世紀末，她出生於美國阿拉巴馬州。不幸的是，兩年後，年僅兩歲的海倫因罹患猩紅熱導致兩耳失聰、雙目失明，從此陷入了無聲的黑暗世界。萬幸的是，海倫並不是個輕易認輸的人，不久她就開始利用其他的感官來感知這個世界了。她跟著母親、拉著母親的衣角，形影不離。她去觸摸、去聞各種她碰到的物品，去模仿別人的動作。很快的她就能自己做一些事情，例如擠牛奶或揉麵。她甚至學會摸別人的臉或衣服來識別對方；她還能聞不同的植物和觸摸地面來辨別自己在花園的位置。

七歲時，安妮．沙利文擔任她的家庭教師，從此成了她的良師益友，兩人相處長達半個世紀。在沙利文的幫助之下，海倫考入哈佛大學雷地克里夫女子學院，在大學期間寫了《我生命的故事》，講述她如何戰勝病殘，此書給成千上萬的殘疾人士和正常人帶來鼓舞。如今這本書被翻譯成五十多種文字，在世界各國流傳。幾年後她以優異成績畢業，此後又寫了許多文字和幾部自傳性小說，說明黑暗與寂靜並不存在，還曾經應邀去好萊塢主演電影。

二十世紀初，海倫成為美國盲人基金會的主要領導人。之後，她成為卓越的社會改革家到各地發表演說，為盲人、聾啞人士籌集資金。二次大戰期間，她又訪問多所醫院，慰問失明士兵，她的精神受人們崇敬。為了表示對這位沒有在盲、聾、啞缺憾面前屈服的勇敢女士，一九五九年聯合國發起了「海倫．凱勒」世界運動；一九六〇年美國海外盲人基金會開始頒發「海倫．凱勒」獎金。由於其堅韌的精神和對世界關注殘疾人運動的貢獻，一九六四年海倫．凱勒被授予美國公民最高榮譽——總統自由勳章，次年又被推選為世界十名傑出婦女之一。

一九六八年六月一日這位一生與黑暗、寂靜和病痛鬥爭的勇士與世長辭。

一九六八年她去世後，一個以她的名字命名的組織建立了，即「國際海倫·凱勒」，該組織旨在與發展中國家存在的失明缺陷作鬥爭。如今，這所機構是海外向盲人提供幫助的最大組織之一。

絕境，只有對於消極悲傷的人來說才是絕境；而對於抱著希望的人來說，絕境只是一個可以得到鍛鍊的機會。只要抱有希望，在陰雲密布中也可以看得到太陽的光芒，在漆黑的夜裡會看得見星星的閃爍。像海倫一樣，只要心中有希望、有信念，在黑暗中一樣可以見到光明！

參觀「劣」畫

在英國，有一名收藏家名叫里昂。他看到眾多收藏家，為收購名貴物品而不惜一擲千金，靈機一動：「為什麼不收藏一些拙劣的畫呢？」於是，他專門收購兩種劣畫：一種是名家的「失手之作」，另一種是價格低於五美元的無名人士的畫。沒多久，他便收藏了三百多幅劣畫。

他在報紙上登出廣告，聲稱要舉辦首屆劣畫大展，目的是讓年輕人在比較中學會鑑別，進而發現好畫與名畫的真正價值。

里昂的廣告廣為流傳，成為人們茶餘飯後的一個熱門話題。人們爭先恐後的參觀，有的甚至從外地趕來。出乎人們的意料，這個畫展非常成功。

失敗，像一所開放的學府。只有知道前人為什麼畫得不成功，才能琢磨出畫得出色的辦法。在「失敗」這所學府裡，真理的光芒顯得格外明亮，足以照耀人們化險為夷、反敗為勝的道路。

失敗是任何人所需要的，它和成功一樣有價值。只有在知道一切做不好的方法以後，才知道做好一份工作的方法是什麼。經歷失敗、反思失敗、總結經驗，從困境中吸取教訓，才能讓你走得更遠。

能夠戰勝自己的人，才是勇士

人最大的敵人是自己，人最難戰勝的敵人往往也是自己。人們經常給自己設定一些目標，然後又找出種種理由不去實現；常常給自己許下一些諾言，然後又輕易的將它否定。在需要勇氣時，人容易變得怯弱；在面對抉擇時，人又容易難以定奪。但是能夠堅持自己信念的人，才能會成為無往不勝的英雄。

走出「權威」的限制

十八世紀的某一天，在德國哥廷根大學裡，一個十七歲很有數學天賦的小伙子吃完晚飯，開始做導師特別出給他，每天例行的三道數學題。

像往常一樣，前兩道題目在兩個小時內順利的完成了。第三道題目寫在一張小字條上，是要求只用圓規和一把沒有刻度的直尺做出正十七邊形。小伙子做著做著，感到越來越吃力。

困難激起了小伙子的鬥志：「我一定要把它解出來！」

他拿起圓規和直尺在紙上畫著，嘗試著用一些超常規的思路去解這道題。

終於，當窗口露出一絲曙光時，小伙子長舒了一口氣，因為他終於解出了這道難題！

作業交給導師後，導師當場嚇傻了。

他用顫抖的聲音對小伙子說：「這真是你自己做出來的嗎？知不知道，你解開了一道有二千多年歷史的數學懸案！阿基米得沒有解出來，牛頓也沒有解出來，你竟然一個晚上就解出來了！你真是天才！我最近正在研究這道難題。昨天幫你出題目時，不小心把寫有這個題目的小字條夾在了給你的題目裡。」

多年以後，這個小伙子回憶起這一幕時總是說：「如果有人告訴我，這是一道有二千多年歷史的數學難題，我一定不可能在一個晚上解決它。」

這個小伙子就是數學王子高斯。

如果高斯一心想著這個問題是個懸而未決的疑案，連著名的阿基米得都沒有解決，而自己一個無名小卒，怎麼可能得出正確的答案呢？

那麼他一定不會成功；如果他一心想著這個問題，連那麼多古人都沒有得出答案，自己要是解出了，豈不就一夜成名？那麼他也一定不會成功。

戴著「權威」限定的帽子去做事情，肯定不會發揮最高的水準，只有超越這一層心理障礙，才能順利解決問題。

可怕的心理暗示

一個小山村裡來了一個旅遊團，他們觀光時，有人從路邊採摘了一大捧的野菜。在一般人看來，野菜可以算得上是一種非常奇特的食物，既含著天底下最鮮美的味道，又隱藏著天底下最可怕的毒素。

這種野菜到底有沒有毒呢？團員們議論紛紛，但都沒有得出一個具體的答案。最後只好求教於村中的農民，畢竟他們從小生活在這裡，最熟悉這些野菜的品種。有一位山民看了一會點頭說道：「這是龍肝草，味道很好可以吃。」

但大家還是不放心，於是在煮好之後特別找來一隻狗，將一些野菜先餵給狗吃「如果有毒的話，狗就會先倒下。」這種野菜的味道果然鮮美，這隻狗嗅了一下，就開始大口吃了起來，過了大約十分鐘後依然活蹦亂跳。

「嗯，這種野菜沒有毒！」於是，大家非常開心的吃了起來。

果然，那位山民說得沒錯，這種龍肝草的味道鮮美可口，確實是野菜中的上品。正當大家菜足飯飽還在回味野菜的香味時，突然間一位山民走了過來，大聲對著眾人說道：「那隻狗死了。」頓時間，眾人猛然一驚，心裡只有一個念頭：「原來這種野菜的毒素效果比較遲緩，在開始時並不發作，而要過一陣子才會突然毒發身亡」。但這裡地處山野，又沒有醫院能夠就近治療，看樣子大家都要死在這裡了。

許多人開始哭泣起來，尤其是那個動手摘野菜的人更成為眾矢之的，但沒有等上幾分鐘，有人開始口吐白沫的癱倒在地，而更多的人則覺得身體血液流動開始減緩，各種頭暈目眩的中毒症狀也不斷出現。

這時，有一個小孩怯生生的問山民：「那隻狗究竟是怎麼死的？」那位山民隨口答道：「哦，剛才與野豬打架，被野豬撞死的。」

原來如此！野菜並沒有毒！清醒過來的團員們，這才長長的鬆了一口氣，並開始為剛才的失態感到異常尷尬。至於種種頭暈目眩、身重無力的「中毒」

症狀，也都奇蹟般消失了。

人們最難戰勝的，往往是自己的疑心。事情都具有不確定性，如果不能讓自己有堅定的信念，如果不能克服自己的疑心，那麼一定會因此而吃虧。

克服自己的懷疑、克服自己的膽怯、克服掉自己的舉棋不定，才能勇往直前。

搬開心中的頑石

從前有一戶人家的菜園裡有一顆大石頭，寬度大約有五十公分，高度有二十公分。到菜園的人，只要不小心就會踢到那一顆大石頭，不是跌倒就是擦傷。

兒子問：「媽媽，那顆討厭的石頭，為什麼不把它挖走？」媽媽這麼回答：「你說那顆石頭呀，從你爺爺的時代就一直放到現在了，它的體積那麼大，不知道要挖到什麼時候。無聊挖石頭不如走路小心一點，還可以訓練你的反應能力。」

過了幾年，這顆大石頭留到下一代。當時的兒子娶了老婆、當了爸爸。有一天，媳婦氣憤的說：「媽媽，菜園那顆大石頭，我越看越不順眼，改天請人搬走好了。」

媽媽回答說：「算了吧！那顆大石頭很重的，可以搬走的話在我小時候就搬走了，哪會讓它留到現在啊？」

媳婦心底非常不是滋味，那顆討厭的大石頭不知道讓她跌倒多少次了。有一天早上，媳婦帶著鋤頭和一桶水，將整桶水倒在大石頭的四周。十幾分鐘以後，媳婦用鋤頭把大石頭四周的泥土攪鬆。媳婦早有心理準備：「可能要挖一整天吧」。沒想到，她幾分鐘就把石頭挖起來了。看看大小，這顆石頭並沒有想像的那麼大，大家都是被它巨大的外表蒙騙了。

阻礙人們去發現、去創造的，往往是心理上的障礙和思想中的頑石。當你抱著下坡的想法爬山時，便會無力爬上山去。如果你的世界沉悶而無望，那是因為你自己沉悶無望。改變你的世界，必先改變你自己的心態。搬開心中的頑石，你才能繼續前行。

你能成為第一

理查德是運動史上贏得獎金最多的賽車選手之一。他第一次賽車回來時，興奮的對母親說：「有三十五輛車參賽，我跑了第二。」

「你輸了。」他母親毫不客氣的回答。

「可是……」理查德瞪大了眼睛：「這是我第一次參加比賽，而且賽車還這麼多。」

「兒子」母親深情的說：「記住，你用不著跑在任何人的後面！」

接下來的二十年中，理查德稱霸賽車界。他的許多紀錄至今無人打破。問他成功的原因他說：「他從未忘記母親的教誨，是母親在他為第二名沾沾自喜之時，幫他發現了，他能成為第一的希望。」

人往往容易沾沾自喜，如果不能克服自己這樣的心態，你就無法進步。生命是有彈性的，就看你如何塑造它。如果你有很好的目標、有做第一的願望、有很強的執行力和堅忍不拔的性格，那麼人生就會在你的執著追求下，呈現精采紛呈的一面。走出驕傲和自大的心態，你會發現人生原來如此多彩。

生活不相信巧合

在一家海鮮館裡，一群旅遊者正在用晚餐。他們一邊品嚐菜餚，一邊即興聊天。魚端上來了，大家七嘴八舌的講起一些關於在魚肚子裡發現珍珠和其他寶物的趣聞逸事。

一位長者一直默默的聽著他們閒聊，終於忍不住開口了：「聽了你們每個人所講的故事都很精采，現在我也講一個吧。我年輕的時候，受雇於一家進出口公司。像所有的年輕人一樣，我和一位漂亮的姑娘相愛了，很快的我們就訂了婚。就在我們要舉行婚禮的前兩個月，我突然被派到歐洲經辦一樁非常重要的生意而不得不離開我的未婚妻。」

長者頓了頓，接著說：「由於出了些麻煩，我在歐洲待的時間比預期長了許多。當繁雜的工作終於了結的時候，我便迫不及待的準備返家。起程之前，我買了一枚昂貴的鑽石戒指，作為給未婚妻的結婚禮物。輪船速度太慢了，我閒極無聊的瀏覽著駕駛員帶上船來的報紙消磨時間。忽然，我在一份報紙上看到我的未婚妻和另一個男人結婚的啟事。可想而知，當時我受到了怎樣的打擊。我憤怒的將我精心選購的鑽石戒指向大海扔去。」

他沉默了一會，神情落寞的說：「回到香港後我再也沒有找女朋友，一個人孤單度日，轉眼幾十年過去了。有一天，我來到一家海鮮館，一個人悶悶不樂慢慢的進餐。一盤鹹水魚端上來了，我用筷子胡亂夾了些塞進嘴裡嚼了幾下，忽然喉嚨被一個硬東西哽了一下。你們可能已經猜出來了，我吃著了什麼？」

「當然是鑽戒！」周圍的人肯定的說。

「不！」長者淒涼的說：「我一開始也是這麼認為的。飯後才知道，是我一顆早就磨損得差不多，搖搖欲墜的牙齒滑進了喉嚨。」

這一次輪到大伙張大驚訝的嘴巴了。

人往往容易相信奇蹟、相信巧合。其實，這是一種僥倖心理。生活中沒有巧合，只有那些踏踏實實去做、去奮鬥的人才會收穫最美的果實。不要心存僥倖，也不要一味的期待巧合，否則你的人生無疑將是一場悲劇。

怎樣才能成為一隻鷹

有一個鄉下老人在山裡砍柴時，撿到一隻很小、樣子怪怪的鳥，那隻怪鳥和出生剛滿月的小雞一樣大小。也許因為牠實在太小了所以還不會飛，於是老人就把這隻怪鳥帶回家給小兒子玩耍。

老人的小兒子很調皮，他將怪鳥放在小雞群裡充當母雞的孩子，讓母雞養育著。母雞果然沒有發現這個異類，全權負起一個母親的責任。

怪鳥一天天長大了，人們後來發現那隻怪鳥竟是一隻鷹，人們擔心鷹再長大一些會吃雞，然而人們的擔心是多餘的。那隻鷹一天天長大了，卻始終和雞相處得很和睦。只是當鷹出於本能在天空展翅飛翔再向地面俯衝時，雞群因為本能而引起片刻的恐慌和騷亂。

時間久了，村裡的人們對於這種鷹、雞同處的狀況越來越看不慣。如果哪家丟了雞，首先便會懷疑被鷹吃掉了，因為鷹生來就是會吃雞的。越來越不滿的人們一致強烈要求：「不是殺了那隻鷹，就是將牠放生，讓牠永遠也別回來。」

因為和鷹相處的時間長了有了感情，這一家人自然捨不得殺牠，於是決定將鷹放走，讓牠回歸大自然。然而，他們用了許多辦法都無法讓那隻鷹重返大自然。他們把鷹帶到村外的田野上放走，過不了幾天那隻鷹又飛回來了，他們驅趕牠不讓牠進家門，甚至將牠「打」得遍體鱗傷……試過了許多辦法都無法奏效。最後他們終於明白：原來鷹是眷戀牠從小到大的家園，捨不得那個溫暖舒適的窩。

後來村裡的一位老人說：「把鷹交給我吧，我會讓牠重返藍天，永遠不再回來。」老人將鷹帶到附近一個最陡峭的懸崖絕壁旁，然後將鷹狠狠的向懸崖下的深澗扔去，就像扔一塊石頭一樣。那隻鷹開始也如石頭般向下墜去，然而在快要墜到澗底時，牠只輕輕展開雙翅，就穩穩托住了身體開始緩緩滑翔，然後牠只輕輕拍了拍翅膀，就飛向了蔚藍的天空。

牠越飛越自由舒展，越飛動作越漂亮。這才叫真正的翱翔，藍天才是牠真正的家園！牠越飛越高、越飛越遠，漸漸變成了一個小黑點，飛出了人們的視野，永遠的飛走了，再也沒有回來。

其實每個人又何嘗不是像那隻鷹一樣，總是對現有的東西不忍放棄，對舒適平穩的生活戀戀不捨。人總會戀舊，人也總會依賴熟悉的環境。一個人要想使自己的人生有所成就，就必須懂得在關鍵時刻把自己帶到人生的懸崖。放棄自己習慣了的安樂窩，給自己一片懸崖，其實就是給自己一片蔚藍的天空。戰勝自己的偷懶心理，是前進的第一要訣。

盲目自大的狐狸

一隻四處漂泊的狐狸，在佛塔頂上安了家。

佛塔裡的生活實在是幸福極了，牠既可以在各層之間隨意穿越，又可以享受到豐富的供品。牠甚至還享有別人所無法想像的特權，那些不為人知的經文書籍，牠可以隨意咀嚼；人們不敢正視的佛像，牠可以自由休閒的攀爬。興起之時，甚至還在佛像頭上留些排泄物。

每當善男信女們燒香叩頭的時候，這隻狐狸總是看著那令人陶醉的煙氣慢慢升起，猛抽著鼻子心中暗笑：「可笑的人類，膝蓋竟然這樣柔軟，說跪就跪下了！」

有一天，一隻餓極了的狼闖了進來，狼一把就將狐狸抓住。

「你不能吃我！你應該向我跪拜！我代表著佛！」這位高貴的俘虜抗議道。

「人們向你跪拜，只是因為你所占的位置，不是因為你！」狼譏諷道。然後，一口咬死了狐狸。

當處在光環之下的時候，要以警惕的心想一想，人們崇拜的是你本人，還是你所在的位置？想清楚了，你就會明白，一旦離開你所處的位置，你就一文不值了。所以，人生在世不能因外界加給你的頭銜、地位而沾沾自喜，否則你早晚會吃虧。

動物園的用途

在動物園裡的小駱駝問爸爸：「爸爸、爸爸，為什麼我們的睫毛那麼長？」

駱駝爸爸說：「當風沙來的時候，長長的睫毛可以讓我們在風暴中還能看得到方向。」

小駱駝又問：「爸爸、爸爸，為什麼我們的背那麼駝？醜死了！」

駱駝爸爸說：「這個叫駝峰，可以幫我們儲存大量的水和養分，讓我們能在沙漠裡耐受十幾天無水無食物的生活。」

小駱駝又問：「爸爸、爸爸，為什麼我們的腳掌那麼厚？」

駱駝爸爸說：「那可以讓我們重重的身子不至於陷在軟軟的沙子裡，便於長途跋涉啊。」

小駱駝非常高興：「哇！原來我們這麼有用啊！可是爸爸，為什麼我們還在動物園裡，不去沙漠遠足呢？」

當處在安樂窩的時候，你的所有的特長都會慢慢衰退。既然有各種特長，為什麼不走出安樂窩，勇敢的去創造呢？人們往往都無法戰勝自己偷懶的心態。只有敢於向自己說「不」的人，只有敢於向安樂窩說「不」的人，才能創造出豐功偉績。

不要相信命運的安排

德崴從小生長在傳統保守的家庭，父母相信一切全是命中注定，德崴也深信不疑，認為命運自然會安排一切。

街坊中有位相士，大家都喜歡去讓他算命、排排八字，德崴也不例外。這位相士嘴巴很甜，聽完他的命盤分析，很多人都高高興興的離去。

這一天，德崴來找相士。相士看了一陣子之後，冷靜的說道：「德崴呀！你相貌寬厚、深具福緣。」緊接著，他又給了相士八字。相士核算一番之後，喜形於色又說道：「德崴呀！你實在是命格奇佳。三十五歲之前，就能賺到不少財富。」當時他才十九歲，聽了相士之言內心暗喜，從此努力工作。累積一點財富之後，又開了家中藥店，生意好得很。

每當夜深人靜，相士的話就湧入德崴的腦海，隔天總是能讓他更精神百倍的做事。由於待客誠懇，德崴很快開了好幾家分店，也投資了一些其他生意。不到三十五歲，他已經是同輩朋友中，最有錢的生意人了。

三十四歲那一年，德崴的母親過世。斷氣之前母親告訴他說：「德崴，你其實是深夜兩點鐘左右出生的。我當時痛得忘了正確時刻，產婆又忙進忙出，結果就記成是隔天早上了。」

經此一說，德崴立即把時辰換算，然後馬上再去找相士批八字，而原先街坊中的那位相士已經過世換了另一位。

「根據你的八字，你命格清苦、一生勞碌，要好好積些善緣才是。」這相士簡單說了幾句沒再多說。回家後，德崴沮喪不已！東想西想：「是不是今後的自己，就會開始碰上霉運呢？」

從那天之後，德崴沒心情再做生意了。店裡的業務都交給下面的人去打理，一年一年過去，店裡的生意越來越差，投資生意也有一些被人侵吞而去。五年之後，德崴只剩一棟棲身的房屋。

「一切都是命中注定呀！」德崴經常這樣自言自語。

人生在世，應該相信自己的力量，而不是所謂的冥冥之中那個命運。否則，你的一切將會被限定，你將無法激發前進的動力。勇敢的對命運說「不」，對自己說「不」，才能走出不一樣的路。

不做尾隨的毛毛蟲

美國心理學家約瑟，曾經做過一個著名的實驗，稱之為「毛毛蟲實驗」。他把許多毛毛蟲放在一個花盆的邊緣上，使其首尾相接圍成一圈，並在花盆周圍不遠的地方，放上牠們喜歡吃的松葉。

毛毛蟲開始一個跟著一個，繞著花盆的邊緣一圈一圈的走。一小時過去了，一天過去了，又一天過去了，這些毛毛蟲還是夜以繼日的繞著花盆的邊緣在轉圈，一連走了七天七夜，牠們最終因為飢餓和精疲力竭而相繼死去。

約瑟在做這個實驗前曾經設想：「毛毛蟲會很快厭倦這種毫無意義的繞圈，而轉向牠們比較愛吃的食物。」遺憾的是，毛毛蟲並沒有這樣做。導致這種悲劇的原因，就在於毛毛蟲習慣於固守原有的本能、習慣、先例和經驗，這就是令人無奈的「毛毛蟲效應」。

你是那隻守舊的毛毛蟲嗎？如果你沒有發掘內心的潛力，沒有勇氣去走創新的路徑，那麼很可惜，你就是那隻被餓死的毛毛蟲。如果沒有戰勝尾隨別人的習慣、勇氣，那麼你將是下一個一事無成的人。

跳不出水井的蟾蜍

有一隻掉到井裡的小蟾蜍，鬱鬱寡歡的過著掉進井裡的日子。井底潮濕陰冷，每天從井口灑落下來的那一絲陽光，成了蟾蜍的希冀。因為蟾蜍太孤獨了，所以牠喜歡沐浴著那微弱的光線，和映在井水裡的影子對話。

「為什麼不設法出去？」

蟾蜍的影子總是咄咄逼人，它總是有那麼多幻想、那麼多靈性。它總是海闊天空的想著，自己能像一隻小鳥一樣飛出井底，在蔚藍的天空自由翱翔；能像馬兒那樣無羈的在草原馳騁，讓微風輕輕撲打著臉龐，去感受那草兒的清香；更希望自己能變成一束紫色的薔薇，攀爬在那個自己鍾情的窗台，深情的凝望裡面的那個人……

「只是我出不去！」蟾蜍咀嚼著掉在井裡過的日子失望的說。

掉在了井裡，牠的天地也就只有這塊冰冷陰濕的井底了。井底，永遠都深不可測。就像是給了你一個既定圈套，你即便是繞再多的路，還是在這兒原地踏步。想起這些，小蟾蜍越發覺得孤獨，牠總是無助的望著井口叫著，聲音中透著一絲悲涼。

蟾蜍的影子卻從來沒有停歇過它的思想，它總是開心的與蟾蜍談論著它的思想。甚至有時候，試圖說服蟾蜍遵從自己的想法，尤其是那些天高氣爽的日子，影子那種膨脹得幾乎不可遏制的美麗思緒和精神，時常將蟾蜍打動……

只是蟾蜍又有太多的理由去拒絕和抵抗，困於這個圈子裡的蟾蜍，想不出什麼辦法去超越現實，去和影子的想法融合……

就這樣，時間久了，連蟾蜍自己都不知道牠和牠的影子哪個是對的？哪個是錯的？哪個會成真的？哪個會是假的？

如果處於人生的黑夜，也別忘了給自己一縷「光」。一縷希望的光、一縷自信的光、一縷面對生活微笑的光。這一縷縷光看似微弱，但它拯救的卻是整個人生啊！如果沒有給自己一縷光，那你遲早會被內心的黑暗吞沒。

陰影是條紙龍

爸爸用紙幫我做過一條長龍。長龍腹腔的空隙僅僅只能容納幾隻蝗蟲，投放進去，牠們都在裡面死了，無一倖免！

爸爸說：「蝗蟲性子太躁，除了掙扎，牠們沒想過用嘴巴去咬破長龍，也不知道一直向前可以從另一端爬出來。所以，儘管牠有鐵鉗般的嘴殼和鋸齒般的大腿也無濟於事。」

當爸爸把幾隻同樣大小的青蟲，從龍頭放進去然後關上龍頭。奇蹟出現了，僅僅幾分鐘，小青蟲們就一一的從龍尾爬了出來。

人生中，經常有無數來自外在的打擊，但這些打擊究竟會對你產生怎樣的影響，最終的決定權在你手中。

許多人走不出人生各個階段或大或小的陰影，並非因為他們天生的個人條件比別人要差很多，而是因為他們沒有思想要將「陰影紙龍」咬破，也沒有耐心慢慢的找到一個方向，一步步的向前，直到眼前出現新的天空。

並不是你想像中那樣

兩個旅行中的精靈，到一個富有的家庭借宿。這家人對他們並不友善，還拒絕讓他們在舒適的客房過夜，而是在冰冷的地下室給他們找了一個角落。

當他們鋪床時，較老的精靈發現牆上有一個洞，就順手把它修補好了。年輕的精靈問為什麼，老精靈答道：「有些事，並不像它看上去那樣。」

第二晚，兩人又到了一個非常貧窮的農家借宿。主人夫妻倆對他們非常熱情，把僅有的一點食物拿出來款待客人，然後又讓出自己的床鋪給兩個精靈。

第二天一早，兩個精靈發現農夫和他的妻子在哭泣，因為他們唯一的生活來源——一頭牛死了。

年輕的精靈非常憤怒，他質問老精靈為什麼會這樣，第一個家庭什麼都有，老精靈還幫助他們修補牆洞，第二個家庭儘管如此貧窮還是熱情款待客人，老精靈卻沒有阻止牛的死亡。

「有些事並不像它看上去那樣。」老精靈答道：「當我們在地下室過夜時，我從牆洞看到牆裡面堆滿了金塊。因為主人被貪慾所迷惑，不願意分享他的財富，所以我把牆洞填上了。昨天晚上，死亡之神來召喚農夫的妻子，我讓牛代替了她。所以，有些事並不像它看上去那樣。」

人生在世，有些時候事情的表面並不是它實際應該的樣子。如果你有信念，你只需要堅信付出總會得到回報。不要被表象迷惑，你要堅信自己的努力和夢想終有報償。

幸福的方程式，是勤奮和機會各占一半

「勤奮＋機會」，人生就應該是這樣一個方程式，雖然簡單卻蘊涵深刻，但是有的人奉若神明，有的人卻棄之若敝。

這個方程式被無數人驗證，卻又被無數人忽略，於是原本相同的人生，呈現出截然不同的高度和深度，也呈現出迥然相異的風景和風情。

擠牛奶的姑娘

一位名叫歌莉亞的擠牛奶姑娘，有一天她得到了主人額外賞賜給她的一桶牛奶。歌莉亞把牛奶頂在頭上，興奮的想著：如果我去一趟市集，把這桶新鮮的牛奶換成一打可愛的小雞回來飼養，不出幾個月，小雞就會長成可愛的公雞、母雞。然後我再到市集上販賣，那時候肉雞一定很值錢，我就可以把這一打的雞都賣掉；再幫自己買一件漂亮的夾克，就是上次在市集上看見的那件；還要買那條漂亮的絲帶。我有了這兩樣漂亮東西，就可以煥然一新的去參加鄉村舞會了。我一定要用髮帶把頭髮綁的很漂亮，還要一直高昂著頭讓大家都看到；約翰看見我漂亮的樣子一定會邀請我跳舞，可是到那個時候我才不會稀罕他呢！我一定要驕傲的對他搖搖頭說：「不」，然後看他被拒絕之後傷心的樣子……哎呀！真是太好笑了！可愛的姑娘想到這裡，不自覺的搖搖頭，幻想著自己那個時候的驕傲神態，可是，頂在她頭上的牛奶桶可不敢驕傲。因為，就在姑娘搖頭的時候，桶子掉了下來把牛奶撒了一地！

可憐的姑娘白做了半天的夢！如果這位可憐的姑娘不是停在那裡癡癡的想什麼舞會，而是馬上將第一個想法付諸實現「馬上到市集去將牛奶賣掉」，那麼現在她的手裡，至少還有這一桶牛奶換來的錢了！

事實往往就是如此，人們想得到、想要做很多事情，可是偏偏不肯行動。懶惰的只想繼續異想天開，過著白日夢中的舒服日子，可是到頭來往往還是一場空。一百次心動不如一次行動，決定你是否成功的，不僅僅是看得多高、走得多遠、想得多深，更在於有沒有踏出堅實的步伐。成功的人，從來都是那些勤奮走自己路的人。

土地裡的金子

有位老農，因一生勤於農耕而累積了不少財富。在他即將過世前，把六個兒子招來說道：「除了留給你們的田產外，我另外有一批財寶就埋在我們家的田產內。等我死後，你們可以去挖出來平分……」話還沒說完父親就斷氣了，也沒說到財寶埋藏的地點。六個兄弟自父親死後，立即展開挖寶工作。

龐大的田產很遼闊，六個兄弟努力地挖呀挖的，挖了一、兩個月，因為已到播種的時節，挖掘工作只好暫停。從播種到收成完畢，六兄弟耐心的等待。

收成結束後，六兄弟又努力的挖呀挖的。而這一季的收成特別好，因為土地被挖翻後變的很肥沃。又是播種時節，挖寶工作又暫停了。秋收之後，六兄弟還是不放棄的繼續挖寶，而這一季收成又更好了。

就這樣，一年一年的過去，六兄弟依然沒挖到寶。唯一值得安慰的是，每季的收成可是越來越好了。對於父親「財寶就埋在家裡的田地內」的說詞，六兄弟堅信不疑，但是找不到財寶卻讓他們頗感失望。

有一天，六兄弟一起去問伯父：「到底父親的財寶是埋在哪裡？」伯父：「你父親把農耕所賺的錢都買了田產，田產裡的沃土就是他的財寶。他是要你們六個兄弟好好耕種這片田產，你們難道體會不出來嗎？」

生活中其實充滿財寶，能不能得到，就看我們是否努力耕耘。天底下很少有不勞而獲的，財富總是找上勤奮認真的人，因為要挖寶也要費一番心力吧！一個不勤奮工作、不勤於思考又懶惰的人，財富之門是不會為他所開啟的。而對那些勤奮的人，成功其實也不過是扇虛掩的門，能以實力和奮鬥的精神推開那扇門，迎接你的將會是一片光明。

A=X+Y+Z

愛因斯坦並不是早慧之人，他到了三歲還不會說話，而且在整個求學期間，也沒有「神童」的表現。在老師眼裡，他也只是平庸而遲鈍的學生。

然而私底下，愛因斯坦是個對老師的呆板教學方法感到不滿，且具有很強的獨立自主、勤奮自學又有探索能力的學生。他在中學時代，就自學了包括微積分在內的基礎數學及某些理論物理知識。進入大學後他雖然經常缺課，但卻獨自修讀了經典理論物理，研究了麥克斯韋電磁理論。

愛因斯坦不拘成見、勇於創新。「懷疑一切」的信條始終貫穿他的整個科學生涯。當然，愛因斯坦的傑出科學成就來自於他堅持不懈的毅力。

一次，有位青年人請教愛因斯坦成功的祕訣，愛因斯坦給他寫下了一個公式：A＝X＋Y＋Z。他解釋說，A代表成功，X代表你付出的努力和勞動，Y代表你對所研究問題的興趣，而Z則代表少說空話及謙虛謹慎。

愛因斯坦有句名言：「科學研究好像鑽木板，有人喜歡鑽薄的，而我喜歡鑽厚的。」

勤能補拙是良訓，一分辛苦一分甜。愛因斯坦取得了偉大的成就，但這不是因為他有過人的天賦，而是他付出了比常人更多的努力所得來。「勤奮」是實現人生蛻變的良藥。

黑帶的含義

一位柔道高手跪在武學宗師的面前，接受得來不易的授予黑帶儀式。這個徒弟經過多年的嚴格訓練，在柔道界終於出人頭地。「在授予你黑帶之前，你必須接受最後一個考驗。」宗師說。

「我準備好了。」徒弟答道，以為可能是最後一個回合的練拳。

「你必須回答最基本的問題：黑帶的真正含義是什麼？」

「是我習武的結束。」徒弟答道：「是我辛苦練功應該得到的獎勵。」宗師等待著他再說些什麼，可是徒弟卻沒說什麼。顯然，他不滿意徒弟的回答，後來他開口了：「你還沒有到拿黑帶的時候，一年以後再來。」

一年以後，徒弟再度跪在宗師的面前，宗師問：「黑帶的真正含義是什麼？」「是本門武學中最傑出和最高榮譽的象徵。」徒弟說。武學宗師等啊等，過了好幾分鐘，徒弟還是不說話。而他也還很不滿意，最後說：「你仍然還沒到拿黑帶的時候，一年以後再來。」一年以後，徒弟又跪在宗師的面前，宗師問：「黑帶的真正含義是什麼？」

「黑帶代表開始——代表無休止的磨練、奮鬥和追求更高標準里程的起點。」

「很好，你已經可以接受黑帶，開始奮鬥了。」

生命不息、奮鬥不止。只有永遠保持這種勤奮的心態和習慣，才能不斷超越、勇往直前。

奮鬥是人生很重要的使命，而勤奮則是人最重要的本質。

白手起家的李嘉誠

李嘉誠的創業過程並非一帆風順，但正是由於他明確知道自己想要什麼結果，並不因一次失敗而灰心才能成為一代企業界鉅子。

一九五〇年的夏天，李嘉誠籌借了五萬港幣在筲箕灣租了一間廠房，創辦了「長江塑膠廠」專門生產塑膠玩具和簡單日用品。在創業初期，李嘉誠憑著自己的商業頭腦，以「待人以誠、執事以信」的商業準則發了幾筆小財。但是當時年輕氣盛的他，沒有做到高瞻遠矚，也沒有對將來或許會遇到的種種狀況做好準備，所以不久後就經歷了一段慘淡的經營期。

因為他在幾次成功以後，就急切的去擴大他那資金不足、設備簡陋的塑膠企業，於是資金開始周轉不靈，工廠虧損愈來愈重。

過快的擴張、承接訂單過多，加上簡陋的設備和人手不足，對塑膠產品的品質影響很大。迫在眉睫的交貨期，使得重視品質的李嘉誠也無暇顧及愈來愈嚴重的瑕疵品現象。但是瑕疵品現象帶來的後果是嚴重的；所以公司的倉庫，開始堆滿了因品質問題和交貨延誤而退回來的產品。這時，塑膠原料商開始上門催討原料費，而客戶也紛紛上門尋找一切的藉口要求索賠。

這是李嘉誠創業史上悲壯的一頁，它沉痛的紀錄了李嘉誠處於暴雨泥濘之中的艱難歷程，但是他並沒有因此而倒下去。

李嘉誠觀察到他所生產的塑膠玩具，在國際市場上已經趨於飽和狀態了，似乎已經沒有足夠的生存能力。如果不顧結果繼續生產，最後產品將會大量囤積，沒有活躍的銷售市場。所以，他必須重新選擇一種能救活企業、具有競爭力的產品。於是，他進而開始了塑膠廠的轉型。

從一九五七年開始，李嘉誠開始了他的高瞻遠矚的轉型行動：生產既便宜又逼真的塑膠花。這在當時的香港，還是一個冷門行業。不過他已經看到了塑料花市場繁榮的前景，經過李嘉誠的努力以及各方面的促銷和廣告活動，塑膠花開始引人注目，並為市民所普遍接受。從此，李嘉誠的事業也步入了穩定發展的道路。

追逐夢想並不容易，任何人都不可能樣樣都行，從而有可能也會在多變的人生中遭遇阻力。有人畏難而退，有人變通思維，曲徑通幽。你有一技之長固然有利，但若發現自己的能耐派不上用場時也不要心急，只要你有一個聰明的大腦，那勤勞的雙手總會創造成功的。「天道酬勤」，勤奮的人終會獲得上天的獎賞。

求人不如求己

唐選在屋簷下躲雨，看見觀音正撐傘走過。

他說：「觀音菩薩，普渡一下眾生吧，帶我一段如何？」

觀音說：「我在雨裡，你在簷下，而簷下無雨，你不需要我渡。」

唐選立刻跳出簷下，站在雨中：「現在我也在雨中了，該渡我了吧？」

觀音說：「你在雨中，我也在雨中，我不被淋因為有傘；你被雨淋因為無傘。所以不是我渡自己，而是傘渡我。你要想渡不必找我，請自找傘去！」說完便走了。

第二天，唐選遇到了難事便去寺廟裡求觀音。走進廟裡才發現觀音的像前也有一個人在拜，那個人還長得和觀音一模一樣。

唐選問：「你是觀音嗎？」

那人答道：「我正是觀音。」

唐選又問：「那你為何還拜自己？」

觀音笑道：「我也遇到了難事，但我知道，求人不如求己。」

不要想著任何事情都有別人幫你解決，都有人幫你的忙。這個世界上唯一能幫助你的只有你自己，而勤奮、自強才是真正的法則。

蓄電池的產生

有一天，愛迪生在家裡吃飯時，舉著刀叉的手突然停在空中且面部表情呆滯。他的夫人已經看習慣丈夫做這類的事，也知道他正思考著蓄電池的問題，便關切的問：「蓄電池『短命』的原因在哪裡？」

愛迪生：「毛病出在內臟。要治好它的毛病，看來要幫它開刀、換器官。」

「不是大家都認為，只能用鉛和硫酸嗎？」夫人脫口而出。她想了想，自己怎對她的丈夫——愛迪生說這種話毫無意義？他不是已經在許多「不可能」之中創造了奇蹟嗎？

於是，夫人連忙糾正道：「世上沒有不可能的事，對吧？」愛迪生被夫人的這番話逗笑了說：「是啊，世界上沒有什麼不可能的事，我一定會攻下這個難關。」

愛迪生暗暗的下定決心。經過反覆的試驗、比較、分析，愛迪生確認「病根」出在硫酸上。因此，治好病根的方案與原來設想的一樣：用一種鹼性溶液代替酸性溶液「硫酸」，然後找一種金屬代替鉛。

當然，這種金屬應該會與選用的鹼性溶液發生化學反應並能產生電流。這問題看起來很簡單，只要選定一種鹼性溶液，再找一種合適的金屬就行了！然而，做起來卻非常非常的困難。

愛迪生和他的助手們日以繼夜的做實驗。一個春天過去了……又一個春天過去了……一連苦戰了三年，愛迪生試用了幾千種材料，做了四萬多次的實驗，可是依然沒有什麼收穫。這時，旁人的一些冷言冷語開始向他襲來，可是愛迪生並不理會這些，他依然對自己的研究充滿信心。

有一次，一位不懷好意的記者向他問道：「請問這位尊敬的發明家，您花了三年時間，做了四萬多次實驗，到底有些什麼收穫？」

愛迪生笑了笑說：「當然有很大的收穫啊，起碼我們已經知道有好幾千種的材料是不能用來做蓄電池。」愛迪生的回答，博得了在場人士的一片喝彩聲。那位記者也被愛迪生堅韌不拔的精神所感動了，紅著臉為他鼓掌。而正是憑著這種精神，愛迪生將試驗繼續進行下去。

幾年後，在一個陽光燦爛的日子，愛迪生終於用氫氧化鈉（燒鹼）溶液代替硫酸，並用鎳、鐵代替鉛，製成世界上第一顆鎳鐵電池，它的供電時間相當長。正當助手們歡呼試驗成功的時候，愛迪生仍是十分冷靜。他覺得，試驗還沒有結束，還需要對新型蓄電池的性能做進一步的驗證。

因此，他沒有急著發表這一項重大新聞。為了試驗新蓄電池的耐久性和機械強度，他用新電池裝配六部電動車，並叫司機每天將車開到凹凸不平的路面上跑一百英里；他還將蓄電池從四樓高處往下摔，因為要做機械強度實驗。經過嚴格的考驗跟不斷的改進，一九〇九年愛迪生終於向世人宣布：他已經成功地研製出性能良好的鎳鐵電池。而為了紀念愛迪生付出的辛勤勞動，人們將鎳鐵電池也稱做「愛迪生蓄電池」。

勤奮的人能夠克服一切困難，勤奮的人能夠打破一切障礙，勤奮的人也能夠創造一切奇蹟。勤奮，是成功之路上必須的法寶。

擦地板的副總經理

湯姆是法國知名的觀光旅館管理人才。可是他當年初入這行時，不僅對這一行懵懂無知，而且還是帶著幾分勉強的心情。因為那完全是他母親一手安排的工作，湯姆本人一點也不感興趣，但也沒有反對的意思，只是渾渾噩噩的接受母親的安排。這樣的工作方式，當然談不上機遇不機遇。剛開始進去工作的時候，湯姆很不適應的想離開，但他的母親認為，抱著憐憫自己、同情自己的心理改變主意，以後就會形成習慣，一遇到困難就打退堂鼓，最終將會一事無成，於是湯姆最後還是回到訓練班。結果還以第一名的成績畢業，並僥倖進入羅浮的關係企業——巴黎柯麗瓏大飯店工作。

湯姆剛進公司是當一名侍應生，但他知道，觀光大飯店接待的是各國人士，所以必須俱備多種語言能力才能應付自如，於是他在工作閒暇之餘便開始自修英語。三年之後，飯店要選派幾個人到英國實習，湯姆便被錄取了。在英國實習一年回來後，湯姆由侍應生升為領班。接著，他獲得一個機會到德國廣場大飯店實習。湯姆到了德國後不久，正巧遇上了三〇年代的經濟不景氣，觀光客的人數跟著銳減，大飯店的經營非常不容易。於是他利用廣場大飯店過去的旅客的資料，動了腦筋設計出一些內容不同的信函分別寄給旅客，使得廣場大飯店平穩的渡過了這段艱苦的時期。他這些信函，其中有四百多封直到現在，還被不少觀光業者拿來作為招攬客人的範本。後來，湯姆已經是飯店的副經理了，並切還具備英、德、法三種語言能力，但是卻一直沒有機會去美國看看，於是他決定請假自費到美國。經理知道了他的想法，於是決定特准予他公假，並讓他以公司的名義去美國考察，一切的費用也由公司支付。

湯姆一到美國就去拜見華爾道夫大飯店的總裁柏墨爾，並把經理的親筆信交給他，請他給自己一個見習的機會並要求從能讓他從基層做起。湯姆真的從擦地板開始做起，而他的做法也幫他帶來了好運。有一天，華爾道夫的總裁柏墨爾到餐廳部來視察，看到湯姆正在趴著擦地板。他曾經跟這位來自法國的青年見過一面，所以對他的印象還頗為深刻，見他在擦地板時不禁大為驚訝。

「你不是湯姆嗎？」柏墨爾走過去問。

「是的。」湯姆站起來說。

「你在柯麗瓏不是當副經理嗎？怎麼還到我們這裡擦地板？」

「我想親自體驗一下，美國觀光飯店的地板有什麼不同。」

「你以前也擦過地板嗎？」

「我擦過英國、德國、法國的，所以我想嘗試一下擦美國地板是什麼滋味。」

「是不是有什麼不同？」

「這很難解釋，」湯姆沉思著說，「我想，如果不是親自體會，很難說得明白。」柏墨爾的眼裡突然閃起一道亮光，注視了他半天才說：「你替我們上了一課。湯姆，下班後請到我辦公室來一趟。」這次的相遇，使湯姆進入了美國的觀光事業。從此以後，湯姆的事業蒸蒸日上，還一路做到洲際大飯店的總裁，手下有六十四家觀光大飯店，營業範圍延伸到世界四十五個國家。

不管你處在什麼位置，都不應該放棄勤奮努力的好習慣。只要勤奮，你還可以更進一步得到更大的成功。而一絲的懶惰，也可能讓你錯過更好的機會而後悔莫及。

將天分變為天才

張之洞是中國歷史上最有影響的人物之一。然而，他小時候的天賦並不高。有一天他在家讀書，對一篇文章重複覆頌不知道多少遍了還在朗讀，只因他一直背不出來。這時候，家裡早就來了一個賊潛伏在他的屋簷下，一直希望等讀書人睡覺之後要撈點好處。可是等啊等的就是不見讀書人去休息，還一直翻來覆去的讀那篇文章。

忍不住的賊人大怒跳出來說：「你這種水準，跟人家讀什麼書！」然後將那文章背誦一遍後便揚長而去！

那位賊人很聰明，但最後只能成為賊，而張之洞卻成為大家都欽佩的人。

有一分勞動就有一分收穫，日積月累、積少成多，就能創造奇蹟，沒有人能只依靠天分成功。上帝給予了天分，但是，是勤奮將天分變為天才。

人生不能守株待兔

相傳在戰國時代，宋國有一個農民，日出而作日落而息。只是遇到收成好，也不過只是剛剛好吃飽穿暖；但是一遇災荒，可就要忍饑挨餓了。

農民也想改善生活，但是他太懶、膽子又小的做什麼都是又懶又怕，總幻想著能遇到自己送上門來的意外之財。

這天奇蹟終於發生了，在深秋的某一天，他正在田裡耕地，而周圍有人在打獵，吆喝之聲四處響起，讓一些受驚嚇的小動物沒命似的奔跑。突然有一隻兔子，在逃跑時不偏不倚一頭撞死在他田邊的樹幹上。

這天，農民高興的飽餐了一頓。從此，他便不再種地了。每天，他把鋤頭放在身邊，就躺在樹前等待著第二隻、第三隻野兔自己撞到這棵樹上來，等著奇蹟出現。

可是，世上哪有那麼多便宜事。農民當然沒有再撿到撞死的野兔，但是他的田地卻荒蕪了。從此流傳了一句成語「守株待兔」，就是比喻「不主動努力而心存僥倖心理，希望得到意外的收穫」的意思。

人生不是靠等待就可以萬事俱備、一帆風順的，人生中有許多機會、許多轉折，沒有什麼幸運和好事會莫名其妙的降臨到你頭上，如果想要過得不一樣，必須積極主動的為自己尋求改變。如果只像那個農夫一樣守著樹等兔子，那麼等來的就只有飢餓。懶惰的人永遠不會有突破，只有勤奮才是人生最大的法寶。

經營之神的奇蹟

有著「塑膠大王」之稱的王永慶，是憑個人奮鬥走向商業成功的典型代表，被譽為台灣的「經營之神」。王永慶白手起家，經過幾十年的奮鬥成為了台灣企業界的典範。他與李嘉誠、陳必新被稱為世界華人最著名的「三大巨富」。

王永慶從小輟學，他從學徒做起，十六歲時就賺夠了資金開了一家米店，靠勤奮和努力奠定了自己的經營之路。

在獲得了第一筆財富之後，一九五四年他籌資創辦了台塑公司，從此事業開始蒸蒸日上，發展成了擁有一百多家企業、四個上市公司的台塑王國。不僅成為台灣最大的企業，在世界的石化業也首屈一指。

王永慶常說：「要常常警惕自己，稍一鬆懈就會導致衰退，經常要有富不過三代的警覺。」「一勤天下無難事。」王永慶的這句話貫穿了他整個奮鬥的人生。

當二〇〇六年這位九十多歲的老人，終於對工作感到力不從心，想將接力棒傳遞到下一個人手中的時候，很多人都為他的退休感到惋惜。一個時代又落下了帷幕，這個名字象徵著傳奇和無數的勤奮故事。

由於事業上的傑出成就，因此每當人們談到「王永慶」三個字，腦海中浮現的是企業鉅子的傳奇形象，聯想到的首先是「財富」與「企業經營管理」之間的問題。人們把焦點集中在他的「致富」和「成功之道」上，「王永慶」三個字，似乎除了名詞之外也是形容詞，和白手起家、勤奮堅毅、合理化經營管理結下不解之緣。

王永慶每天晚上十點睡覺，零晨兩點半起床辦公，每週工作一百多個小時。無數個相似的寂靜深夜裡，當人們都在熟睡中的時候，卻是他思考最迅捷的時候，無數的優秀方案在此時誕生。

成功了的他都能保持如此勤奮，渴望成為富人的我們，還不應該奮起直追嗎？

很多的時候決定你會是窮人還是富人，並不取決於你的先天條件多好、智商多高，而是取決於你的後天努力及勤奮程度。越努力，財源就越廣。勤奮是改變一生的最佳訣竅。

天堂裡的農夫

從前，一個生活貧窮、心地虔誠的農夫死了，來到了天堂的門前。同時來的還有一位生前富甲一方的大財主，他也想進天堂。

天使拎著鑰匙來了，他打開了大門讓財主進門，似乎沒有看見農夫就把門隨手關上了。這時外面的農夫聽到了財主如何受到各式各樣的禮遇和接待，那兒既有奏樂又有歌唱，最後一切歸於平靜了。

天使又來了，打開了門讓農夫進去了。農夫本來想，他進去後也會有奏樂和歌唱，可是裡面卻是靜悄悄的一片。不過他還是受到了很熱情的接待，天使們走來歡迎他只是沒有誰來唱歌。於是農夫問天使為什麼財主來了大家幫他唱歌，而他來了卻不一樣，好像天堂和人間一樣也存在著偏心。

天使回答說：「不是的，你和任何人一樣對我們來說都很可愛，也一定會和那富人一樣享受天堂裡每一種樂趣，但是像你這樣的窮人，每天都有人來到天堂；而像這樣的富人，一百年來進天堂的才只有一個呢！」

人有窮富的差異也有地位的差異，而普通的人是社會的大多數，活著和死去都是平凡的不追求奢華。富人是少數的，賢能的富人更是少之又少。如果成為不了這樣的「富人」，還是讓我們做一個不追求奢華的普通人吧！

命運在自己手裡

有一次，唐恩去拜會一位在事業上頗有成就的朋友。在閒聊中談起了命運的唐恩問：「這個世界到底有沒有命運？」

朋友說：「當然有啊。」

他再問：「命運究竟是怎麼回事？既然命中注定，那奮鬥又有什麼用？」

朋友沒有直接回答他的問題，但笑著抓起唐恩的左手，說要先看看唐恩的手相幫他算算命。他對唐恩說了一些生命線、愛情線、事業線等諸如此類的話之後，突然對唐恩說：「把手伸好，照我的樣子做一個動作。」他的動作就是，舉起左手慢慢的握緊拳頭。

過一下子他問：「握緊了沒有？」

唐恩有些迷惑答道：「握緊啦」。他又問：「請問，命運線在哪裡？」唐恩不假思索的回答：「在我的手裡。」

他再追問：「請問，命運在哪裡？」

此時唐恩如遭當頭棒喝，恍然大悟的說：「命運在自己的手裡！」

命運在自己的手裡，而不是在別人的嘴裡，也不是在上天的安排之中。只要靠後天的努力和不懈的奮鬥，你一定會創造非凡的佳績。

懂得寬容的人，不輕易揭開過去的傷疤

有一位父親在兒子出生時寫了一封信，要作為兒子出生的禮物。他寫道：「如果所有的美德可以自選，那麼孩子，就先把寬容挑出來吧!在即將到來的世紀裡，也許和平、安靜很昂貴，不過寬容能緩和別人也能撫慰自己，它會讓你把愛放在首位；寬容會使你隨和，能讓你把一些原本看得很重的事情變得很輕；寬容還會使你不致失眠，再大的不愉快、再激烈的衝突，都不會在寬容的心靈裡過夜。」

寬容是這個世上最美的品德，擁有寬容之心，你就擁有了最強大的力量。

微笑的彌勒佛

去過廟裡的人都知道，一進廟門，首先見到的是彌勒佛笑臉迎客，而在祂的北面，則是黑口黑臉的韋陀。但是，相傳很久以前，祂們並不在同一間廟裡，而是分別掌管著不同的廟。

彌勒佛熱情快樂，所以來參拜祂的人非常多，只是祂什麼都不在乎，總是丟三落四的無法好好管理財務，害的廟裡常常入不敷出。而韋陀雖然管帳功夫一把罩，但總是整天陰著一張黑臉太過嚴肅，使得參拜祂的人越來越少，還差點讓廟裡的香火斷絕了。

佛祖在查香火的時候發現了這個問題，就將祂們倆放在同一個廟裡，由彌勒佛負責公關、笑迎八方客，於是廟裡開始香火大旺。而韋陀鐵面無私、錙銖必較，則讓祂負責財務、嚴格把關。於是，在兩神的分工合作之下，廟裡又開始香火鼎盛了。

寬容，是微笑的對待別人，不計較得失、不計較小事，這也是對自己寬容。人們都願意跟寬容的人打交道。寬容，能讓自己贏得真心的擁護。

握住我的手

當美國總統華盛頓還是一位上校的時候，他率領著部隊駐守在亞歷山大歷亞。在弗尼亞議會的議員選舉時，有一個名叫佩恩的人反對華盛頓所支持的候選人。同時，在關於選舉的某一議題上，華盛頓與佩恩形成了對抗。

有一次，華盛頓出言不遜冒犯了佩恩；佩恩一怒之下將他一拳打倒在地。華盛頓的部下們聞訊群情激奮，部隊馬上開拔了過來準備教訓一下佩恩。華盛頓當場阻止了他們，並勸說他們返回營地，就這樣一場干戈暫時避免了。

第二天一早，華盛頓派人送給了佩恩一張字條，要求他儘快趕到當地的一家小酒店來。佩恩懷著此行凶多吉少的心情如約到來，他猜想華盛頓一定想和他進行一場決鬥。然而讓他出乎意料的是，華盛頓在那裡準備了一桌豐盛的宴席。

華盛頓見佩恩到來，立即站起來迎接他，並笑著伸過手來說道：「佩恩先生，犯錯乃人之常情，糾正錯誤是件光榮的事。我相信昨天是我不對，你已經在某種程度上得到了滿足。如果你認為到此可以解決的話，那麼請握住我的手，讓我們交個朋友吧。」華盛頓熱情洋溢的話語感動了佩恩。從此以後，佩恩成為一個熱烈擁護林肯的人。

忍一時，風平浪靜；退一步，海闊天空。寬容絕不是懦弱。對於別人的過失，必要的指責無可厚非，但若能以博大的胸懷去寬容別人，就會讓世間少一些摩擦和衝突，多一些和諧與平靜。彼此都以寬容之心真誠相對，世界就會變得更精采。

誰在買蠟燭

一位蠟燭匠，因為能夠做出漂亮又耐用的蠟燭，所以很受人們歡迎。他靠著賣蠟燭賺的錢娶了一個賢慧的妻子。

在一次不幸的事故中，他雙眼失明了。雖然他的雙眼看不見，但他還是摸索著用自己的雙手做蠟燭，在無數次的砸傷手指、劃破手掌之後，他終於順利的做出了一支蠟燭。

之後，他技術漸漸熟練，做出的蠟燭幾乎和失明之前一樣好。他做出蠟燭之後，妻子把蠟燭帶到城裡去賣，這樣的生活持續了十幾年。

可是，城裡的人們開始使用電燈再也不需要蠟燭。慢慢的，鄉鎮上的人們也開始使用電燈，蠟燭再也賣不出去了。這時，妻子已經是一個白髮蒼蒼的老人，而蠟燭匠仍然在做蠟燭。妻子不忍心告訴他蠟燭再也賣不出去，只好把蠟燭不停的拿出去，甚至在親戚家裡借了地方堆起來，然後妻子到城裡做一些小生意，把賺來的錢交到蠟燭匠的手上。直到妻子去世，蠟燭匠仍然在做蠟燭，而他那些沒有人要的蠟燭早已經堆滿了三間屋子。

蠟燭匠的妻子去世之後，村裡決定幫他申請低收入戶補助，但蠟燭匠不願意，他說自己有手藝能夠養活自己。村長勸了半天，也只能無奈的離開了。

蠟燭匠仍然不停的做蠟燭，做好了之後，他請村長帶他到城裡去，他要自己賣蠟燭。他靜靜的坐在路邊，手裡拿著一個架子，上面掛滿了各式各樣的蠟燭。

城裡的人像看外星人一樣看他並對他指指點點，但是這一切他都看不到。他不知道城裡發生了怎樣的變化，只是對於這裡的聲音有一點陌生。

慢慢的，有人過來問他蠟燭的價錢，接著有人買了他的蠟燭。他笑瞇瞇的送出蠟燭，還讓那些人自己找零。蠟燭很快就賣光了，蠟燭匠又從這個陌生的城市中感受到了某種親切和溫暖。

而蠟燭匠不知道的，是不遠處有個人正發錢給路過的行人，希望人們用他發的錢去買一支蠟燭，這個人就是村長。每個月的月初，這一幕就會再次上演，村長想用老人樂意接受的方式，偷偷發給他生活補助款。他知道這是一個謊言，但是他願意讓這樣的欺騙持續下去。

愛的表達，並不僅僅是體貼的話語、溫柔的笑顏，有時候還包括特殊的形式。愛，是一種寬容。

當愛以一種我們不易理解的形式表現出來時，其中含的是相同的情感。

愛別人，就是寬容的讓他在自己夢想的天空中飛翔。

為別人鋪路的人

卡內基年輕的時候曾經一無所有，像當時許多年少無知的人一樣，到處流浪、得過且過。不過，卡內基懷有十分遠大的理想，他期望自己有一天能夠有一筆能任由自己支配的巨大財富。

帶著這個偉大的夢想，卡內基來到了距離家鄉很遠的一個偏僻小鎮。在這個小鎮上，卡內基結識了鎮長司湯達先生。司湯達先生已經年過五旬，他一直以來都生活在這個雖不繁華但是令自己倍感親切的小鎮上。

他擔任這個小鎮的鎮長已經很多年了，但是鎮上的人們，從來沒有想到要選舉新的鎮長。的確，司湯達實際上也是擔任鎮長的最佳人選，他性格開朗、為人熱情，而且平易近人，更重要的是他的心地十分善良。無論是當地人，還是來到這個小鎮上的陌生人，只要與司湯達有過一定的接觸，他們就會深切的感受到司湯達的熱情和善良，同時也會受到感染。

卡內基住的小旅館就離鎮長司湯達家不遠。每當卡內基站在旅館的大門向遠方遙望時，他都會看到鎮長家門口的那片長滿各色鮮花的花圃。

每次遇到卡內基時，鎮長都會停下忙碌的腳步，問這個獨在異鄉的年輕人有什麼需要幫忙的地方。當卡內基需要一些生活用品時，熱情的鎮長夫人就十分高興的給予幫助，而且鎮長還時常讓女兒為卡內基送去一些妻子做的可口點心。

在小鎮上住了一段時間仍然感到一無所獲的卡內基，決定過幾天就離開這個小鎮了，在離開小鎮之前他要特別感謝鎮長給予他的關照。就在他準備向鎮長告別的前幾天，小鎮連續幾天都是陰雨的天氣，卡內基不得不繼續留在這裡，同時他也在心裡咒罵著這該死的鬼天氣。

小雨時下時停，每當雨滴停止的時候，卡內基都會走出旅館大門，看看鎮長家門前那些因雨露滋潤而倍加嬌艷的花朵。

這一天，他走出旅館大門的時候，他看到鎮上來來往往的人們，已經把鎮長家門前的花圃踐踏得不成樣子了。卡內基為此感到氣憤不已，他真為鎮長和這些花朵感到惋惜，於是他站在那裡指責那些路人的行為。

可是第二天，路人依舊踐踏鎮長家門前的那片可憐的花圃。第三天，鎮長拿著一袋煤渣和一把鐵鍬來到了泥濘的道路上，他用鐵鍬把袋子裡的煤渣一點一點的鋪到了路上。

一開始卡內基對鎮長的行為感到不解，他不知道鎮長為什麼要替這些踐踏自己家花圃的路人鋪平道路。可很快的他就明白了鎮長的苦心，原來有了鋪好煤渣的道路，那些路人再也不用踩著花圃走過泥濘的道路了。

卡內基最後離開了這個小鎮，不過他知道，自己不是一無所獲的離開，他帶著鎮長司湯達告訴自己的一句話，從容的踏上了追求夢想的道路，那句話就是「善待別人就是善待自己」。

直到成為聞名全美的鋼鐵大王，卡內基依然牢牢的將這句話銘記在心中。

善待別人就是善待自己。以寬容之心愛別人，就是在善待自己。性格自私的人不願意對別人付出任何關愛，所以他們永遠都體會不到來自他人的友情和溫暖。胸襟開闊的人，則始終生活在幸福和關愛之中，這些幸福和關愛既來自於別人，也來自於他們自己。寬容之心、仁愛之心，是幸福的源泉。

烏鴉的分享

以前，牛奶公司送到訂戶門口的牛奶，既不用蓋子也不封口，因此烏鴉和紅襟鳥可以很容易的喝到凝固在瓶子上層的奶油皮。

後來，牛奶公司把瓶口用錫箔紙封起來，以防止鳥兒偷吃。沒想到二十年後，全國的烏鴉都學會了用嘴把瓶口的錫箔紙啄開，繼續吃牠們喜愛的奶油皮。然而，同樣是二十年，紅襟鳥一直沒學會這種方法。

原來，烏鴉是群居的鳥類，常常一起行動。當某隻烏鴉發現了啄破錫箔紙的方法後，就開始教別的烏鴉。而紅襟鳥則喜歡獨居，牠們圈地為主，與其他同類溝通也僅止於求偶和對侵犯者的聯合驅逐。因此，就算有某隻紅襟鳥發現錫箔紙可以啄破，其他的同類也無法知道。

每個人都處在一個大環境中，所以你不得不考慮你周圍的人。你要學會與他們分享、共同進步。

只有寬容之心，才能讓你樂於真誠與人分享，也讓別人願意與你分享，生活才會因分享而共贏。

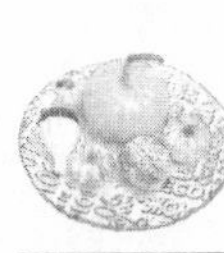

政見不合的兩位大臣

北宋的范仲淹與大臣呂夷簡，兩人老是政見不合。但是有一次，呂夷簡對宋仁宗皇帝說：「范仲淹是個有才能的人，朝廷若想用他，就應該重用。」

宋仁宗卻說：「可是他反對過你啊！」

呂夷簡回答道：「他雖然曾經反對過我，但我的確也是有錯誤的，再說他也是為國家著想啊！」

於是宋仁宗同意了呂夷簡的建議，不久就提升范仲淹為學士，任參知政事。范仲淹到任後，向皇帝提議了十件事，受到了皇帝的信任。

後來，范仲淹得知是由於呂夷簡的推薦才得以施展抱負時，對呂夷簡非常感激。他來到呂夷簡的家裡道歉說：「過去我指責您，想不到您還這樣看重我。」呂夷簡卻說：「大家都是為國家著想啊，有什麼好道歉的呢？」

當兩個平常要好的人一時產生了誤會，關係就會變得疏遠，見面時也會覺得不好意思。如果有一個人先選擇寬容的立場，這種僵持的局面就不會存在。

在一些事情裡，無論自己對錯與否，首先要學會寬容，只有這樣才能化干戈為玉帛。

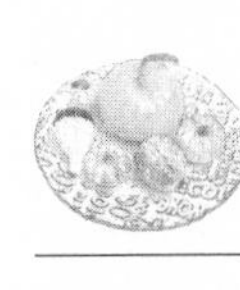

一只銅信箱

有一位郵差在送郵件時，經常會看到一位瘦小的老人家，從他那美麗的大房子中走出來，使用助行器慢慢的走上房前小路去信箱取他的郵件，他每向前走一步都非常吃力。郵差估計老人家從他房子前門走到信箱再回去，至少要花二十分鐘，因為他每走幾步都要停下來歇一歇。

週末，這位郵差到當地的一家五金行，買了一只銅製的信箱。然後，他騎車來到老人的家，敲敲門並站在門口耐心的等待。當老人家終於把門打開時，郵差禮貌的問他是否允許自己把這個信箱釘在他的門上，以省去他每天走到原來那只信箱取信的辛苦。在獲得老人的同意之後，他就把那只信箱釘在了大門上。

在接下來的幾個月裡，當郵差發送老人家的郵件時，便直接走到他的前門，把郵件塞進那只信箱，從此以後，他再沒有跟老人家見過面。

有一天，當郵差走上老人家門前的小路時，發現一個男人正站在台階上等他。那個男人自我介紹說，他是老人家的代理律師。他告訴郵差，老人家已經去世了，並且問他今後能否將老人所有郵件轉送到律師事務所。隨後，他給郵差一個信封，裡面是老人家留下的一封信——老人家把他的房子、傢俱等所有物品，都留給了這位郵差先生。

在信中，老人家寫道：「郵差先生，你對我的友善超過了我的家人所給予我的。我已經有二十年沒有收到他們的消息了，他們不肯為了我而暫時放開他們手中的工作，而你做到了這一點。願上帝保佑你的餘生幸福安康。」

幫助別人是一種雙贏的智慧，幫助別人就是幫助自己。雙贏的基礎是施與，是寬容，是善良。當人們盡心去幫助周圍需要幫助的人時，給他們帶來的是方便，留給自己的是欣慰。

有時即使助人的人並不希望得到任何回報，但最後他所獲得的可能會遠遠超出他所付出的。

何必生氣

從前有一個富商，特別會為一些瑣碎的小事生氣。他也知道自己這樣不好，便去求見一位高僧為自己談禪說道，開闊心胸。高僧聽了他的講述，一言不發的把他領到一座禪房中，把房門鎖住便離開了。富商氣得破口大罵，但是罵了很久，高僧也不理會。富商開始哀求，高僧仍置若罔聞。富商終於沉默了。高僧來到門外問他：「你還生氣嗎？」

富商說：「我只為我自己生氣，我怎麼會到這地方來受這些罪。」

「連自己都不原諒的人，怎麼能心如止水？」高僧拂袖而去。過了一會兒，高僧又來問他：「還生氣嗎？」

「不生氣了。」富商說。

「為什麼？」

「氣也沒有辦法呀！」

「你的氣並未消失，還壓在心裡，爆發後將會更加劇烈。」高僧又離開了。

高僧第三次來到門前，富商告訴他：「我不生氣了，因為不值得氣。」

「還知道值不值得，可見心中還有衡量，還是有氣根。」高僧笑道。

當高僧的身影迎著夕陽站在門外時，富商問高僧：「大師，什麼是氣？」

高僧將手中的茶水傾灑於地。富商視之良久，頓悟，叩謝而去。

何苦要氣？氣便是別人吐出而你接到口裡的那種東西，你吞下便會反胃，你不看它時，它便會消散了。氣是用別人的過錯來懲罰自己的蠢行。世界上什麼東西是最大的？答案是眼皮。

閉上眼睛，世間不如意的事都看不見了，眼不見、心不煩，這是一種消極的逃避。但寬容絕不是逃避，懂得寬容的人不僅會寬容生命中遇到的每個人，而且會寬容生活中的每件事，這種寬容不是退縮、不是放棄，而是從辯證的角度去分析，用平和的心態去面對，從積極的角度來給自己信心。懂得寬容的人，不會輕易去揭開過去的傷疤。他們懂得寬容，學會了忘記、享受了寧靜、找到了方向。夕陽如金，皎月如銀，人生的幸福和快樂尚且享受不盡，哪裡還有時間去氣呢？

我種的菜，好看也好吃

一個小伙子跑到別人的菜園裡去偷菜，被菜園的主人發現了，可是菜園的主人沒有馬上予以制止，反而轉身就走。小伙子認為菜園的主人要去報警，就連忙追了上去。

不料，菜園的主人卻是進了自家的門，便把門隨手關上了。

小伙子上前敲門，門開了。小伙子問菜園的主人：「你看見我了！」

菜園的主人反問：「看見什麼？我今天連門都沒踏出去。」

「你看見我偷了你的菜。」小伙子說：「我以後無法做人了！」

菜園的主人笑道：「你說什麼話？我們是同個村的人，你只是想知道我種的菜為什麼長得那麼漂亮對嗎？我種的菜，好看也好吃，不信？你先嚐嚐。」

說完，菜園的主人去廚房裡抱出兩棵菜，硬是塞到了小伙子的手裡……

多年以後，這位小伙子成了眾人稱讚、熱心助人的慈善家。

當你的一隻腳踩在紫羅蘭的花瓣上時，它卻把芳香留在了你的腳上，這就是寬容。環顧四周你會發現：凡是寬容的人，總是活得輕鬆自如、從容灑脫，他們總是把平淡的日子點綴得豐富多彩、富有情趣。缺少寬容的世界，到處都會充滿邪惡和鬥爭。能寬容別人是一種喜悅，被別人寬容是一種幸福。唯寬可以容人，唯厚可以載物。

不要讓寬容縮水

在美國南部的某個城市，一位富翁正在家中考慮應該以什麼樣的理由來拒絕一家慈善機構的請求——這家慈善機構在兩個月前就派人來找這位富翁交涉，希望富翁能捐出郊外的一片土地，為貧苦無依的孩子們蓋一所孤兒院。

他們之所以向富翁提出這樣的請求，主要有兩個原因：第一個原因是，富翁向來以仁慈而聞名，經常透過慈善機構向那些遭受天災人禍的人們捐獻財物；第二個原因是，慈善機構的義工們，經過多日努力已經籌到了不少資金，但是能建孤兒院的地方一直無法找到。

雖然富翁深知慈善機構的苦處，而且也對那些可憐孩子們的處境深表同情，可是她考慮再三，決定還是要拒絕他們的這個請求。因為那片土地，是她的祖先歷經辛苦才開拓出來的，她兒時最美妙的童年就在那裡度過，現在她的身體日漸衰弱，她早已打算好了，過幾年就要到那片土地上養老，那片土地可以說是直接關係到她今後的生活。

這樣想著，富翁迅速走出家門，想在今日就對此事做個解決。富翁一心想著那片土地和孤兒院的事情，結果忘了外面已經是烏雲密布了，一場大雨眼看就要來臨。

果然，在她剛走到距離慈善機構還有一半路的時候，就開始下起了大雨。她跑到一家商店避雨，可是雨沒有馬上會停的樣子，於是她打算冒雨前進。就在她要推開商店門的那一刻，門口正準備下班回家的店員伸手攔了她一下，把自己手中的一把傘遞到富翁手中，然後披著一件薄薄的衣服就衝進了雨中。富翁拿著傘愣了一下，然後繼續朝慈善機構走去。

還好商店離慈善機構並不遠，一會兒她就到了慈善機構所在地。她推開大門進入走廊，走廊被進進出出的人們踩得濕漉漉的。她想找一雙拖鞋進入大廳，可是她發現放拖鞋的地方什麼也沒有，富翁心中有些懊惱，因為腳上濕淋淋的鞋子令她感覺很不舒服。

這個時候，有人遞給她一雙拖鞋，富翁說聲謝謝，穿好鞋回頭看到遞給自己拖鞋的，正是慈善機構的一位義工，這位義工穿著白白的襪子站在濕濕的地板上，原來她把自己腳上的拖鞋給富翁穿了。

看到那位義工小姐穿著襪子，在潮濕的地板上幫自己倒杯水、幫助一些人填寫資料，富翁想到自己這個聞名全市的「慈善家」，平時的行為跟自己這一路上受到陌生人的仁慈對待相比，實在算不了什麼。自己過去捐獻給慈善機構的，不過是些自己認為沒用的東西或者是一些多餘的錢，而自己認為有用的東西是很少捐出去的。可是，今天那位商店店員，還有眼前的這位義工小姐，他們把自己當時最需要的東西送給了別人，這才是真正的仁慈。

富翁走進了辦公室，她告訴該慈善機構的負責人，自己決定同意捐出郊外的土地，並且希望孤兒院能夠早日完工。

寬容待人，一次不難，難得的是一生如此。做一件好事也並不難，難的是一生都堅持做好事；向他人施與一點仁慈並不難，可是當需要我們獻出自己寶貴的東西，來幫助那些更需要這些東西的人時，我們內心的仁慈與寬容就會縮水。

大大的享受拓展視野的好選擇

TALENT

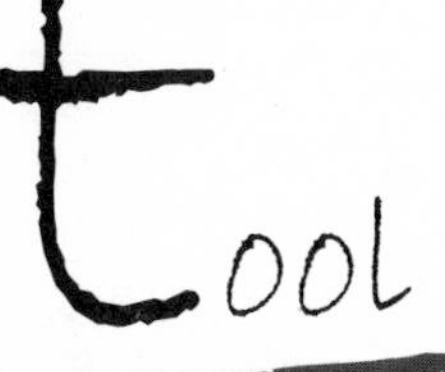

謝謝您購買 把自己的人生做好、做滿 這本書！

即日起，詳細填寫本卡各欄，對折免貼郵票寄回，我們每月將抽出一百名回函讀者寄出精美禮物，並享有生日當月購書優惠！

想知道更多更即時的消息，歡迎加入“永續圖書粉絲團”

您也可以利用以下傳真或是掃描圖檔寄回本公司信箱，謝謝。

傳真電話：（02）8647-3660　　信箱：yungjiuh@ms45.hinet.net

☺ 姓名：　　□男　□女　　□單身　□已婚

☺ 生日：　　□非會員　　□已是會員

☺ E-Mail：　　電話：（　）

☺ 地址：

☺ 學歷：□高中及以下　□專科或大學　□研究所以上　□其他

☺ 職業：□學生　□資訊　□製造　□行銷　□服務　□金融

□傳播　□公教　□軍警　□自由　□家管　□其他

☺ 您購買此書的原因：□書名　□作者　□內容　□封面　□其他

☺ 您購買此書地點：　　金額：

☺ 建議改進：□內容　□封面　□版面設計　□其他

您的建議：

廣告回信
基隆郵局登記證
基隆廣字第57號

新北市汐止區大同路三段一九四號九樓之一

大拓文化事業有限公司收

請沿此虛線對折免貼郵票，以膠帶黏貼後寄回，謝謝！

把自己的人生做好、做滿

- 請至鄰近各大書店洽詢選購。
- 永續圖書網，24小時訂購服務
  www. foreverbooks. com. tw
  免費加入會員，享有優惠折扣
- 郵政劃撥訂購：
  服務專線：(02)8647-3663
  郵政劃撥帳號：18669219